广东省博物馆年鉴 2010

责任印制：陈　杰
责任编辑：李　飏

图书在版编目 (CIP) 数据

广东省博物馆年鉴．2010 / 广东省博物馆编．—北
京：文物出版社，2011.12
　　ISBN 978-7-5010-3396-6

　　Ⅰ．①广⋯　Ⅱ．①广⋯　Ⅲ．①博物馆–广东省–
2010 –年鉴　Ⅳ．① G269.276.5-54

　　中国版本图书馆 CIP 数据核字 (2011) 第 282719 号

广东省博物馆年鉴　2010

编　　　者：广东省博物馆
出版发行：文物出版社
社　　　址：北京市东直门内北小街 2 号楼
邮政编码：100007
网　　　址：http://www.wenwu.com
邮　　　箱：web@wenwu.com
经　　　销：新华书店
印　　　制：深圳雅昌彩色印刷有限公司
开　　　本：889×1194　1/16
印　　　张：13.25
版　　　次：2011 年 12 月第 1 版
印　　　次：2011 年 12 月第 1 次印刷
书　　　号：ISBN　978-7-5010-3396-6
定　　　价：198.00 元

广东省博物馆
年鉴 2010

编 委 会

主　　任：肖洽龙

副 主 任：莫　鹏　阮华端　肖海明

委　　员：邓小红　刘春喜　刘莉莎　麦冠球　吴林兵
(按姓氏笔画排序)
　　　　　吴武林　吴剑涛　张　欢　陈伦贤　陈宣中

　　　　　陈邵峰　欧　艳　胡林玉　钟云开　骆伟雄

　　　　　黄　静　彭兰群　焦大明　谢秋辉

主　　编：肖洽龙

副 主 编：肖海明

撰稿人：王小迎　邓小红　叶　葳　朱万章　任文岭
(按姓氏笔画排序)
　　　　　刘云凯　刘莉莎　麦冠球　吴昌稳　吴剑涛

　　　　　陈　枸　陈　慧　胡林玉　张　欢　陈伦贤

　　　　　陈宣中　陈邵峰　段小红　骆伟雄　殷　忞

　　　　　黄　静　黄桂香　焦大明　蓝冬冬

执行编辑：吴昌稳　陈　宇

摄　　影：黄青松　刘谷子　区智荣　陈　宇

校　　对：袁汉程　霍淑贤

目 录

广东省博物馆年鉴 2010

工 作 概 貌

广东省博物馆员工合影

　　2010 年是广东省博物馆历史上承前启后的关键之年，新馆建成开放标志着广东省博物馆由此进入一个新的发展阶段。一年来，在各方的关怀和支持下，全体工作人员齐心协力，紧紧抓住新馆开馆这个契机，克服重重困难，顺利实现了各项既定目标。

　　2010 年，广东省博物馆在 194 个开放日里接待观众超过 152 万，日均观众流量达 7800 多人。适逢第 16 届亚运会和首届亚残运会在广州举行，广东省博物馆举办和引进了一系列高水平展览，吸引了大量国内外宾客来馆参观，树立了广东省博物馆的良好形象，扩大了广东省博物馆的影响，有效地提升了广东省博物馆的知名度，为实现将广东省博物馆建设成为"国际先进、国内一流"的现代化大型综合性博物馆的奋斗目标奠定了良好基础。

　　2010 年，广东省博物馆新馆工程荣获"香港建筑师学会 2009 年度境外设计大奖"国际级奖、"2009 年度第六届全国优秀建筑结构设计二等奖"等国家级奖项 5 个、"2009 年度浙江省建筑钢结构金刚奖"省部级奖，另有"钢管空心混凝土楼板及其施工方法"等 4 项技术获得国家发明专利。

国内外部分媒体关于新馆建筑获奖的报道

广东省博物馆新馆外观

一 新馆顺利开馆，各项配套工程稳步推进

2010 年，广东省博物馆新馆建设进入最后冲刺阶段，全年共完成基建投资 8579 万元，累计完成投资 7.2 亿元。上半年，为确保如期开馆，各项工程交叉施工，协调组织工作难度大，施工管理要求高，廉政建设任务重。在这种情况下，全馆上下一心，顶住压力，全身心投入，保持了集体奋进的强劲势头，保证了新馆基建、展陈布置等各项工程的顺利进行。5 月 15 日，在新馆即将开馆之际，中共中央政治局常委李长春同志专门到新馆检查指导，对新馆建设工作给予了充分肯定。

5 月 18 日，"2010 年国际博物馆日中国主会场活动暨广东省博物馆新馆开馆仪式"隆重举行，中共中央政治局委员、广东省委书记汪洋同志亲临现场，并宣布新馆开馆。当天下午，新馆开始对社会公众免费开放。

新馆开馆后，在工程建设方面，主要是进行工程验收和查漏补缺两方面的工作。在各有关方面的努力下，5 月 22 日新馆综合验收工作顺利完成，7 月正式通过消防验收，11 月通过节能减排检测及验收。

在藏品搬迁方面，10 月份完成了新馆藏品库房柜架和库房库门安装工作，11 月中旬启动了藏品整体搬迁工作，耗时一个多月完成了所有藏品的包装工作。12 月 27 日，藏品搬运工作正式开始，并于 2011 年 1 月 15 日顺利完成。

出席广东省博物馆新馆开馆仪式的领导合影

二　不断探索创新，新馆开放运营成绩显著

自开馆至 2010 年 12 月 31 日，广东省博物馆先后接待全国人大副委员长司马义·铁力瓦尔地，全国政协副主席杜青林、阿不来提·阿不都热西提、王志珍，海南省党政代表团，中国国民党荣誉主席吴伯雄，古巴国务委员会副主席科洛梅，毛里求斯总统贾格纳特，津巴布韦副总理库佩，阿富汗副总统哈利利，俄罗斯部长级代表团，柬埔寨副首相梅森安，马来西亚副议长朱乃迪，伊朗副总统阿里·赛义德鲁等重要领导和嘉宾 40 多批次。中共中央政治局委员、广东省委书记汪洋同志先后 5 次来馆参观，体现了省领导对广东省博物馆的高度重视和对文化强省建设的大力支持。特别是在亚运会和亚残运会期间，出席运动会开闭幕式的亚洲各国政要、我国各部委和各省代表团等数十批次到广东省博物馆新馆参观。

与此同时，广东省博物馆公共文化服务能力与水平也在不断提高。通过优化资源配置，积极完善新馆各项配套服务设施：设计制作清晰的公共区域标识和参观流线指引，增加观众休息长椅 30 条，引进饮食企业广州酒家利口福为观众、游客提供餐饮服务，开展纪念品与图书销售服务，启用停车场等等。在 7 个多月的时间里，共向观众提供人工讲解服务约 2353 场次，广播寻人、寄存、医疗等便民服务 10000 余次，电话咨询服务 34000 多次，免费派发各种宣传资料 11 万份。此外，组织新馆物业服务机构认真做好展场管理、引导观众、保洁、绿化、安防等工作，较好地维持了参观秩序，为观众创造了良好的参观环境。经过这一系列努力，广东省博物馆成功应对了新馆开馆后的观众参观热潮，赢得了各级领

博物馆之夜

导和社会各界的普遍好评，塑造了良好的公共文化服务品牌。

三　全馆积极努力，各项业务工作成绩突出

国家一级博物馆运行评估申报工作　新馆开馆前，根据国家文物局关于开展国家一级博物馆运行评估试点工作的要求，广东省博物馆派人参加了由中国博物馆学会举办的"国家一级博物馆运行评估培训班"，并组织有关人员按照要求做好充分准备，认真、细致、准时地完成了国家一级博物馆运行评估申报工作。

藏品征集管理工作　一年来，围绕新馆陈列展览需求和广东省博物馆藏品长远征集规划，藏品征集工作积极展开，共征集文物 389 件 / 套、自然标本 556 件 / 套；安全、高效地完成了 3700 余件上展文物和标本的包装、运输工作，有力保障了新馆展陈工程的顺利开展；根据广东省文物局要求，准确高效地完成馆藏近 1.9 万件 / 套二三级文物的数据采集工作；整理了自 1999 年以来广州、深圳等地海关历次移交文物，精选出 7000 多件 / 套文物充实馆藏，并拟定了其余文物的分配方案上报省文物局。特别值得一提的是，广东省博物馆积极组织力量参与"南澳 I 号"沉船打捞工作，根据"南澳 I 号"打捞工作进度，先期将第一批出水文物 1 万余件安全运回新馆库房并展开清理工作。

文物保护与修复工作　配合新馆陈列展览工作需要，对馆藏上展文物实施科技保护与修复处理工作，并承担了江门市博物馆、鸦片战争博物馆等文博单位委托的文物保护修复方案设计和施工项目；开展了本馆库房和展厅文物保存环境的调查、监测与分析工作，编制了《广东省博物馆环境控制方案》；在2009 年国家文物局批准广东省博物馆为"一级可移动文物修复资质"单位并授予"甲级可移动文物技术保护设计资质"的基础上，继续进行可移动文物技术保护设计资质与可移动文物修复单位资质增加业务范围的补充申报工作。此外，还根据省和厅的有关精神，启动了广东文物保护科技中心建设的前期工作，成立了"广东文物保护科技中心筹建工作领导小组"，编制了《广东文物保护科技中心项目建议书》上报省文化厅转呈省发改委审批。

策展工作　新馆开馆以后，一方面，广东省博物馆本着精益求精的精神，充分利用闭馆日等时间，对基本陈列进行了微调和改进。另一方面，为充分发挥博物馆陈列展示功能，广东省博物馆认真研究，科学统筹，积极做好中长期展览规划。2010 年坚持走精品化、品牌化之路，共筹划推出 15 个内容丰富、形式多样的临时展览。其中，8 月至 10 月，由广东省政协主办的"广东历代绘画展览"在广东省博物馆展出，该展览时间跨度之大、展出画种之多，在国内地方画展中尚属首次。

为迎接和配合 2010 年在广州举办的第 16 届亚运会，宣传和展示华夏文明，11 月份广东省博物馆与中国社会科学院考古研究所联合推出"考古中华——中国社会科学院考古研究所 60 周年成果展"，展出的 430 件 / 套文物，均为中国社会科学院考古研究所成立 60 年来考古发掘精品。

教育推广与开发经营工作　2010 年，广东省博物馆进一步做好教育推广工作，取得了显著的成效：包括《中国文物报》、《南方日报》等平面媒体对广东省博物馆的相关宣传报道 200 余篇；中央电视台、广东电视台等各级电视台、电台对广东省博物馆报道约 100 条，中央电视台 10 套直播了广东省博物馆新馆开馆活动，中央电视台《新闻联播》对广东省博物馆新馆开馆进行了报道；香港媒体和《纽约时报》等境外、海外新闻机构也对广东省博物馆新馆情况进行了报道。广东省博物馆还与《南方日报》合作，推出系列报道，并组织了"广东省博镇馆之宝大众评选"活动。此外，为配合广州亚运会、亚残运会和临时展览，策划举办了"小小讲解员培训班"、"庆国庆·迎亚运"——活力粤博拼贴画比赛、"活力粤博·创意空间"、"我们来了，中国特殊儿童艺术展演计划"等在社会上引起强烈反响的品牌推广活动。同时，在 2009 年的基础上，广东省博物馆继续开展志愿者招募工作，全年经考核上岗的志愿者达 156 人。

开发经营工作稳扎稳打，立足创新，强化品牌经营意识，积极开展各项经营开发业务，在实现和提升博物馆社会效益的同时兼顾经济效益。新馆开馆后，广东省博物馆及时制定中央大堂、多功能厅等场地租赁收费标准，先后承办或协办了"世界旅游组织高峰论坛"、"广州讲坛"、"珠三角规划纲要群

广东省博物馆所辖国民党"一大"旧址正门

众论坛"等大中型活动；经积极筹备，精心设计，广东省博物馆自营的纪念品商店顺利开业；引入石湾美陶、学而优书店等知名商家提供艺术品、书籍等服务。此外，广东省博物馆还立足实际，拓宽思路，积极开拓经营服务项目，策划了门票广告冠名权年度拍卖，并在此基础上将活动内容梳理更名为年度战略合作权拍卖；进行了高端服务项目的新尝试，与省农业银行私人银行部开展高端服务项目，实施了中国人寿高端客户贵宾接待项目；还与广州邮政等签订了框架性合作协议，搭建纪念品合作开发工作格局。

学术研究与交流以及资料信息工作 在前期工作的基础上，继续推进"广东省博物馆离退休专家著作丛书"的编辑出版工作，完成了宋良璧《古陶瓷研究论集》和曹腾騑《广东楹联萃辑》的出版工作；配合新馆陈列展览，编辑出版了历史篇、自然篇和艺术篇展览图录；继续进行省科技厅《岭南地区博物馆藏品虫害及防治技术研究》、《广东地区纸质文物藏品的老化及保护材料研究》和《"南澳Ⅰ号"水下考古抢救发掘项目》等多个科研项目的有关工作。此外，又与中国博物馆学会、南方日报社等有关单位合作，成功举办了"2010年国际博物馆日中国主会场活动暨广东省博物馆新馆开馆仪式"、"走近ICOM2010年大会·广州国际博物馆高峰论坛"、"首届广东非物质文化遗产产业高峰会"等活动。广东省博物馆还派人参加了全国鲁迅博物（纪念）馆馆际交流会等有关学术交流活动，扩大了影响力。

2010年，广东省博物馆顺利完成了20多万册/件图书、资料搬迁工作，并将所有图书资料整理上架。全年新入账图书资料3000余册，馆藏古籍善本《杜氏通典二百卷》入选国家珍贵古籍善本名录。参与完成了《中国博物馆志》"广东卷"、"香港卷"、"澳门卷"的相关工作。

信息和数字化工作 完成了新馆办公电脑设备采购项目、新馆陈列展览配套多媒体设备采购及安装，完成了历史、自然多媒体内容的审核和发布、LED 大屏幕的安装和内容发布系统、网站系统建设等工作。新馆网站自推出以来,发布信息资讯283条,浏览量达12万余人次,在2010年9月份的中国博物馆网站(包括港澳台地区)排名中位列第13位,成绩骄人。

广东省流动博物馆运行工作 2010 年,"广东省流动博物馆"到省内各级博物馆举办展览 46 场次,参观人数高达 110 万人次,展览形式多样,内容丰富多彩,很好地展示了多种特色文化。这些巡回展览题材广泛,图片收集全面,文字说明内容翔实,能运用图片结合实物(雕塑、标本等)反映展览的内容和主题,令主题清晰明了,科普性和教育意义强,能寓教于乐。其中,1 月份制作的《粤西木偶艺术展览》,以粤剧和白戏的传统剧目为主要内容,展出的木偶造型逼真传神,栩栩如生,令人叹为观止,有助于广东省优秀的传统文化得到更好的传承和发扬;9 月份制作的《你让地球受伤了吗——认识自然珍爱地球》图片展,旨在宣传人与自然和谐相处的主题。群众对这些展览表现了极大的热情和浓厚的兴趣,并从中得到了启发和教育,展览达到了预期的效果。从 2004 年正式启动到 2010 年 12 月截止,"广东省流动博物馆"共制作巡回展览 44 个,成员单位有 75 个,在全省举办展览共 219 场次,总参观人数高达 628 万人次,为我省各类文博展览的交流与推广起到了积极的推动作用。

鲁迅纪念馆及国民党"一大"旧址相关工作 2010 年,在完成了鲁迅纪念馆原《中国国民党第一次全国代表大会与首次国共合作》、《鲁迅生平与纪念》展览撤展工作的同时,广东省博物馆还完成了《中国国民党第一次全国代表大会史料陈列》、《永生的民族魂——鲁迅生平陈列》陈列大纲的编写及陈展文物的挑选工作。此外,与广东外语外贸大学联合举办了大型博物馆联展活动,并在广州市内各高校进行巡回展;为迎接广州亚运会,又积极与广州中山纪念堂联合举办了《广州——大革命策源地联展》。

为了尽快推进"一大"旧址修缮工程,广东省博物馆于 2010 年 6 月 28 日第 4 次组织召开专家论证咨询会,专门对旧址进行全面勘查并就其维修方案进行论证。专家一致认为,"旧址"基础出现持续变形,建筑物不均匀沉降,倾斜、裂缝严重,已属危房性质,必须进行抢救性的加固保护。据此,广东省博物馆委托广州大学建筑设计研究院制定了"一大"旧址临时加固方案,并开始进行招标工作。与此同时,还坚持做好国民党"一大"旧址日常的维护保养工作,密切监测旧址的沉降、墙缝开裂、白蚁危害等情况,积极采取了一系列的相应措施。

四　围绕新馆开馆,努力抓好行政后勤与相关配套工作

新馆开馆准备及相关工作 自 2009 年起,广东省博物馆就积极研究筹备新馆开馆工作,并多次结

合实际编制、调整上报了新馆开馆工作方案。2010 年初，当"2010 年国际博物馆日中国主会场活动"和"走近 ICOM2010 年大会·广州国际博物馆高峰论坛"确定在广东省博物馆举办后，广东省博物馆积极与中国博物馆学会沟通协调，编制出新的工作方案，为活动的举办做了大量准备工作。活动期间，动员全馆力量，认真做好了接待和有关会务工作，赢得了来宾的普遍赞扬。

自 2010 年 4 月起，与新馆物业管理服务中标单位——广东省华侨物业发展有限公司展开对接等有关工作，研究岗位设置，划分岗位责任区，并根据实际工作需要对展馆服务等有关岗位人员进行了包括文博知识、博物馆历史沿革、新馆建筑概况、礼仪等方面的培训，第一批培训了约 170 人，保证了新馆开馆后的顺利运行。

另外，新馆开馆前，广东省博物馆还完成了新馆开馆画册编辑出版、新馆开馆纪念品制作、工作服装设计制作与修改、新馆办公区域布局和安排分配以及计算机、办公家具等设备的招标采购等工作。

机构设置与人才队伍建设　首先，继续努力争取新馆扩编，在去年申报扩编工作的基础上，再次修改、完善并递交了申请新馆增编和更名的报告与说明。其次，针对鲁迅纪念馆的去向归属问题，提出了有关意见和建议并形成报告上报省文化厅。再次，积极参与筹备设立广东文物保护科技修复中心、广东自然博物馆等相关工作，还根据省文化厅的相关文件精神，制订了《广东省博物馆全面管理广东省文物总店试行办法》。此外，还根据新馆工作需要，新设置了"广东省博物馆物业管理领导小组办公室"，成立了"广东省博物馆陈列展览委员会"等一批临时性工作机构。

2010 年，广东省博物馆继续拓展招聘人才渠道，按照有关公开招聘工作的精神，极力为新馆招聘急需的优秀人才，成功地组织了 2010 年面向高校和社会的公开招聘，录取专业人员 8 人。同时，还结合每年的职称申报工作，认真组织专业技术人员开展继续教育培训；审慎处理好人员调配，及时补充了一些部门的岗位空缺；继续定期组织老干部的支部活动、外出活动等，耐心做好老干部工作，并新成立了以老干部为主体的广东省博物馆关心下一代工作委员会。此外，还根据物业公司介入新馆各项工作的形势发展需要，顺利完成了经警队伍整编工作。

后勤保障与财务管理方面　2010 年，广东省博物馆行政和工勤人员各司其职、坚守岗位，为广东省博物馆新馆顺利开馆和各项业务工作的顺利开展提供了有力保障。配合物业公司完成新老馆各类设备设施维护管理使用，保证了各类设备运转正常，全年未发生安全责任事故；司机班安全行车约 38 万公里，未发生安全责任事故，保证了全馆业务用车；在清洁卫生和绿化布置等有关工作上，充分发挥物业公司的专业特长，保证了展场的清洁卫生和广东省博物馆周边及室内环境美化；展开了人员与办公用品的搬迁过渡工作，除需要继续在旧馆开展业务的藏品管理部、鲁迅纪念馆等部门外，其他部门均已搬迁至新馆办公。

财务工作方面，认真做好新馆开馆费用及新馆运营经费来源的落实工作，确保新馆各项工作的顺利进行。按照上级要求和国家有关财务制度的规定，认真做好了全馆财务收支预算、决算和日常核算、管理、工程结算审计等工作，及时记账、算账、对账和结账，按时、按质、按量编报财务收支预算报表和会计报表，并完成了对有关合同进行审核等管理工作，较好地完成了各项工作任务。

安全保卫工作方面 2010 年，广东省博物馆以新馆为安全保卫工作的重心，努力确保新旧馆安全，实现了全馆安全无事故。首先，增加了安防监控中心值班人员，调整充实了安全保卫力量。其次，面对大部分的安保任务外包给物业公司的新情况，结合新旧馆安全管理工作的实际需要，制定安全管理工作方案，在制度、措施、人员等方面都做了比较充分的准备。再次，结合新馆安全防范系统工程、消防自动报警灭火系统工程的建设，通过分析新馆安全工作的形势，为进一步规范管理、落实安全防控措施，广东省博物馆重新修改制定了符合新馆实际的有关安全应急预案，如消防安全应急预案、展厅安全应急预案、公共安全应急预案、重要贵宾安全保卫方案等。同时，配合亚组委、公安、消防等部门，积极做好亚运会期间有关安保工作。此外，广东省博物馆还邀请消防、安防专家进行培训、指导，先后组织了一次大规模消防演习和一次应急疏散演习，积极做好应对突发安全事件的准备。

制度建设与工作规范化 新馆开馆后，为适应新馆运营管理，广东省博物馆相继制定和调整了相关的工作制度和管理办法，各部门也结合新馆工作需要，对本部门的制度做出了修订。如修订了《广东省博物馆藏品征集工作管理办法》、《广东省博物馆安全保卫制度》等，草拟了《广东省博物馆藏品维护维修工作管理办法》、《广东省博物馆科研项目经费使用管理办法》，根据物业管理实际情况初步制定了《广东省博物馆物业管理制度（讨论稿）》等，进一步完善广东省博物馆制度建设及规范各项工作。

五 结合工作实际，认真做好党工青妇工作

2010 年，广东省博物馆党工青妇工作再上台阶。

在党务工作方面，广东省博物馆严格遵守组织人事纪律，积极组织换届改选工作。广东省博物馆还根据自身发展需要，向省文化厅申报成立"中共广东省博物馆委员会"，得到省文化厅批复同意。

在工会、妇委会、青年团等工作上，广东省博物馆虚心接受上级机关指导，贯彻落实各项活动。同时，

还组织多种多样的活动，展现集体和个人风采，丰富日常生活。广东省博物馆还组织馆内干部职工发扬传统美德，向玉树震区捐款，并在"广东扶贫济困日"献爱心。捐款数额累计数万元。

　　总之，2010 年馆属各部门有机协调、分工合作，齐心协力、共同努力，不仅取得了新馆顺利开馆的突出成绩，还成功应对了新馆开馆以来的观众参观热潮，为广东省博物馆逐步走向良性循环打下了良好基础。广东省博物馆将继续致力于服务地方文化事业发展，提高公共文化服务水平，为广东提升文化软实力、建设文化强省作出新的贡献。

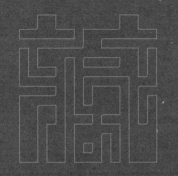

广东省博物馆年鉴 2010

重 大 活 动

2010 年 5 月 15 日，中共中央政治局常委李长春同志视察广东省博物馆新馆

2010 年 5 月 15 日，中共中央政治局常委李长春同志视察了广东省博物馆新馆，并充分肯定了广东省博物馆新馆建设工作。中共中央政治局委员、广东省委书记汪洋，广东省省长黄华华，国家文物局局长单霁翔等陪同视察。

2010 年 5 月 18 日上午，"2010 年国际博物馆日中国主会场活动启动暨广东省博物馆新馆开馆仪式"在广东省博物馆新馆举行。中共中央政治局委员、广东省委书记汪洋出席并宣布活动启动暨新馆开馆。国家文物局局长单霁翔，国际博物馆协会总干事朱利安，广东省委常委、宣传部部长林雄，国际博物馆协会中国国家委员会主席、中国博物馆学会理事长张柏，广东省文化厅厅长方健宏出席仪式并先后讲话。广东省副省长雷于蓝主持仪式。

自 2010 年 5 月 18 日新馆开馆以来，先后接待包括全国人大、全国政协重要领导，港澳台地区以及古巴、毛里求斯、津巴布韦、阿富汗、俄罗斯、柬埔寨、马来西亚、伊朗等国家重要嘉宾 50 多批次。

2010 年国际博物馆日中国主会场活动启动暨广东省博物馆新馆开馆推杆仪式

2010 年 6 月 10 日，美国夏威夷州州长琳达·林格参观广东省博物馆

2010 年 7 月 11 日，中国国民党荣誉主席吴伯雄参观广东省博物馆

2010 年 7 月 20 日，海南党政代表团在中共中央政治局委员、广东省委书记汪洋的陪同
下参观广东省博物馆

2010年8月25日，古巴共产党中央政治局委员、国务委员会副主席科洛梅参观广东省博物馆

2010年9月5日，毛里求斯总统贾格纳特参观广东省博物馆

2010年9月16日，国家安全部部长耿惠昌参观广东省博物馆

2010 年 9 月 25 日，全国政协副主席、中央统战部部长杜青林参观广东省博物馆

2010 年 10 月 10 日，民政部部长李立国参观广东省博物馆

2010 年 11 月 13 日，中央国家机关工委常务副书记杨衍银参观广东省博物馆

2010 年 11 月 17 日，俄罗斯部长级代表团参观广东省博物馆

2010 年 11 月 26 日，柬埔寨副首相梅森安参观广东省博物馆

2010 年 11 月 28 日，全国政协副主席阿不来提·阿不都热西提参观广东省博物馆

2010 年 11 月 28 日，全国人大副委员长司马义·铁力瓦尔地参观广东省博物馆

2010 年 12 月 12 日，伊朗副总统赛义德鲁参观广东省博物馆

2010 年 12 月 20 日，全国政协副主席、中国科学院院士王志珍参观广东省博物馆

广东省博物馆年鉴 2010

制 度 建 设

目前，广东省博物馆管理制度体系共分为四大类，包括综合类、行政管理类、业务管理类和党群组织管理类。综合类主要包括《广东省博物馆章程》、《广东省博物馆馆务公开制度》、《广东省博物馆内设机构职能》、《广东省博物馆职工岗位职责》、《广东省博物馆物业管理制度（试行）》等一系列涉及全局性的制度。

广东省博物馆 2010 年增订的部分制度

行政管理类包括办公、人事管理、财务管理、安防与消防管理、开放管理、后勤管理、开发经营 7 个方面的办法和规定，主要有《公文处理办法》、《综合档案管理制度》、《中层干部管理办法》、《专业技术人员聘任管理办法》、《财务管理制度》、《安全保卫工作制度》、《消防安全管理制度》、《开放管理制度》、《设备设施管理制度》、《文化产品开发经营管理办法》等。

业务管理类包括陈列展示、科研管理、藏品管理、文物修复与科技保护、宣传推广、图书信息，鲁迅纪念馆、国民党"一大"旧址、红楼管理等方面的规章制度，主要有《陈列展览工作办法》、《流动博物馆网管理办法》、《学术委员会工作章程》、《藏品征集工作管理办法》、《藏品保管规定》、《文物藏品修复复制科技保护管理办法》、《讲解员管理办法》、《图书资料管理制度》、《鲁迅纪念馆管理制度》等。

党群组织管理类主要有《党委（总支）议事制度》、《党内廉政建设制度》、《工会工作制度》、《团委（团支部）工作制度》、《妇委会工作制度》、《民主党派、无党派人士登记管理制度》等。

此外，广东省博物馆新馆工程实施期间还制定了如财务管理、工程招标、工程变更、预防职务犯罪等十余项规章制度。同时还聘请了律师事务所作为广东省博物馆常年法律咨询机构，为广东省博物馆依法开展工作提供了保障。

2010 年，为适应新馆运营管理工作需要，广东省博物馆相继制定和调整了相关的工作制度和管理办法，各部门也结合新馆工作需要，对本部门的制度做出了修订。如修订了《广东省博物馆藏品征集工作管理办法》、《广东省博物馆安全保卫制度》等，草拟了《广东省博物馆藏品维护维修工作管理办法》、《广东省博物馆科研项目经费使用管理办法》，根据物业管理实际情况初步制定了《广东省博物馆物业管理制度（讨论稿）》等，推进了广东省博物馆制度建设的完善和各项工作的进一步规范。

2010 年新增制度建设名录（部分制度内容见附录）

1. 《广东省博物馆学术委员会章程》
2. 《广东省博物馆藏品征集工作管理办法》
3. 《广东省流动博物馆章程》
4. 《广东省博物馆物业管理制度》（试行）
5. 《广东省博物馆藏品维护维修工作管理办法》
6. 《广东省博物馆科研项目经费使用管理办法》
7. 《广东省博物馆陈列展示委员会章程》
8. 《广东省博物馆展览工作流程规范》
9. 《广东省博物馆展览申请程序说明与规定》

广东省博物馆年鉴 2010

陈 列 展 览

一　基本陈列

1.《广东历史文化陈列》

《广东历史文化陈列》序厅

《广东历史文化陈列》展厅面积 4000 多平方米，共展出文物 1500 多件／套，照片 300 多张。作为新馆三大基本陈列之一，该展览通过文物、图片、油画、雕塑、模型、多媒体、复原场景等丰富的展陈手段，全方位多角度地向观众展示了广东从马坝人时期到新中国成立的历史文化变迁。其中长达 40 米的猎德龙舟、被誉为"珠江上河图"的目前国内最大的广州外销油画、国内稀见的广州外销壁纸、雕工精湛的象牙雕镂空提盒、国内罕见的詹天佑亲笔签名的《京张路工摄影》相册等都是展览的亮点。

展览始终本着尊重历史的原则，秉承严谨科学的态度，结合专业人员对广东历史文化的深入研究，在内容的编排和组织上充分体现了南粤大地深厚的历史底蕴和独特的文化魅力。另一方面，在形式设计上，镶嵌历史元素的广东海陆图、大型历史主题油画、大型壁画与建筑相结合的复原场景、幅度长达 24 米的超大银幕无缝拼接"扒龙舟"多媒体投影、近代名人雕塑群等丰富的设计使该陈列极具吸引力和感染力，处处洋溢着求真务实、敢为人先的广东精神。

《广东历史文化陈列》共四篇，以时间顺序为主线，分别是南粤源流、扬帆世界、继往开来和粤海烽火。

走进序厅，迎面而来的是气势恢宏的广东海陆图。在以卫星地图为蓝本的墙面上，代表广东历史文化的各种元素在南粤大地和浩瀚南海上隐约浮现，序厅的设计大胆，将时空高度融合。

历史展厅 "继往开来" 部分展出效果

第一篇 "南粤源流" 追溯了广东人的来源、民族融合的过程以及广东三大主体民系的形成和民俗文化特色。马坝人头骨、双肩石器、南越王油画、广府茶楼、猎德龙舟、潮州大吴泥塑、客家围屋……观众可以从视觉、听觉、触觉等方面去感受一个生动立体的南粤。

第二篇 "扬帆世界" 带领观众进入海上丝绸之路，体验广东对外开放与交流的精彩历程。满载瓷器的广船，聚集奇异洋货的十三行，精美绝伦的广彩、广雕以及风靡一时的外销画，中西合璧的风格处处都在诉说着广东的开放与兼容。船型展厅内展出的 "南海 I 号"、"南澳 I 号" 等水下考古出水文物，向观众展示了广东悠久而灿烂的海洋文化。

在第三篇 "继往开来" 中，"开风气之先" 的广东先贤共同演绎了改变中国历史进程的近代风云。抗英图强的志士、洋务运动的倡导者、维新运动的领袖、辛亥革命的先驱、国共合作的元勋、民族工商业的开拓者……无数仁人志士和栋梁之才化作点点繁星，在南粤大地上闪耀着璀璨的光芒。

第四篇 "粤海烽火" 向观众讲述了广东军民血与火的抗日史诗。一幅幅黑白的历史图片，展示了南粤儿女坚强不屈的革命精神。

与序厅的广东海陆图相呼应，展览的结束部分展现的是一望无际的南海。海纳百川，奔流不息，承载了千年文明的广东人民满怀希望地走向世界，拥抱未来！

2. 艺术陈列

广东省博物馆新馆艺术陈列，以馆藏文物为依托，兼顾馆藏优势和地方特色，由《翰墨流芳——宋元绘画与历代书法展览》、《土火之艺——馆藏历代陶瓷展览》、《紫石凝英——馆藏端砚精品展览》、《漆木精华——潮州木雕艺术展览》四大展览组成。

(1)《翰墨流芳——宋元绘画与历代书法展览》

《翰墨流芳——宋元绘画与历代书法展览》陈列的是唐宋以来直至 20 世纪前期的馆藏书画珍品，时间跨度近千年，所涉书画家近两百人。这些作品凝聚着艺术家的生命意志。

中国绘画在宋代取得蓬勃发展，形成了流派不同、风格相异的画风，文人画成为画坛的主流。该展览中，北宋的《群峰晴雪图》与南宋陈容的《墨龙图》堪称镇馆之宝。而元人的《黄鹤楼图》和《竹石图》，无论是艺术水平还是历史价值都相当高。这一时期，虽然传世作品极少，但透过有限的画迹，我们仍可窥其发展之大略。

广东省博物馆所藏历代书法是馆藏文物极其重要的组成部分。从时代上看，最早可上溯到北魏、隋唐和宋人的写经。元明以降，直到近现代，均有书法名家作品庋藏，精品甚多。从书法史视野来看，囊括了从元代的赵孟頫，明中期的祝枝山、文徵明、王宠、陈道复，晚明的董其昌、米万钟、张瑞图、邢侗、黄辉，清代的王铎、傅山、郑板桥、金农、刘墉、铁保、邓石如、伊秉绶、吴大澂、何绍基，到近代的吴昌硕、赵之谦、康有为等名家的代表性作品。这些书法名迹反映了中国书法史演进历程的大端；从地域上看，既有活跃于主流书坛的上述书法名家，也有代表广东书法风貌的岭南名家。这些岭南名家包括明代的陈献章，清初的"岭南三家"（屈大均、陈恭尹、梁佩兰）、彭睿壦、天然和尚函昰

《翰墨流芳——宋元绘画与历代书法展览》序厅

北宋　《群峰晴雪图》

南宋陈容墨龙图

《土火之艺——馆藏历代陶瓷展览》序厅

及弟子今释，清中期的吴荣光、黎简、谢兰生，晚清的黄子高、李文田、陈澧、朱次琦，民国时期的梁启超、黄节、邓尔雅、潘飞声、孙中山、叶恭绰，以及现代的吴子复、秦萼生、麦华三、容庚等。上述书法作品，体现出广东省博物馆所藏书法的地方特色。

《翰墨流芳——宋元绘画与历代书法展览》是从馆藏数千件书法作品中精心遴选出来的一次集中展示。该展览力图从不同角度表现广东省博物馆所藏书画作品的深度与厚度。读者在欣赏书画的线条美学的同时，也可以据此了解中国书法史演进的历程。

(2)《土火之艺——馆藏历代陶瓷展览》

陶器是全人类共同拥有的财富，瓷器是中华民族对世界文明的重要贡献，中国因此拥有"瓷之国度"的美称。

广东省博物馆收藏的古代陶瓷器数量多、质量好，在全国省级博物馆中位居前列。藏品中全国各大窑口的产品涵盖较全面，各种装饰工艺、器形也较丰富，而且几乎囊括了所有朝代的典型器物。其中以明清时期景德镇各品类的瓷器，以及广东本土特色的石湾陶、广彩瓷等藏品尤为丰富和精美。

本展览以中国陶瓷发展历程为线索，以馆藏陶瓷文物为依托，展示了从新石器时代到清代，中国陶瓷产生、发展和兴盛的历史。我们从馆藏中精选出近300件文物，从工艺的进步、器物的演变和对外贸易等方面，较为全面地反映了中国古代陶瓷文化的面貌。我们希望观众通过参观展览，能够进一步认识中国传统文化，并增强民族自豪感。

陶瓷展厅共 800 多平方米，展览共分四个部分。第一部分"初见窑火"，展示了从新石器时代到南北朝时期的陶瓷器，展现陶器和瓷器起源和初步发展阶段的概况。第二部分"瓷国崛起"，展示了隋唐至宋辽金这一历史时期，中国陶瓷艺术快速发展的面貌，其中全国各主要著名窑口的器物，异彩纷呈，令人目不暇接。第三部分"各领风骚"，反映了元、明、清时期中国古陶瓷发展的鼎盛时期的面貌。此部分除了展示全国各重要窑口的器物外，着重展示了景德镇窑瓷器的辉煌——青花瓷、颜色釉瓷、釉里红、粉彩瓷等各领风骚，官窑与民窑制品争相辉映。第四部分"南国明珠"，着重介绍从新石器时代至清代广东陶瓷的发展历程及其外销的状况，力图全面反映广东陶瓷发展的历史和地位，以突出地域文化的特色。

青花人物纹玉壶春瓶

(3)《紫石凝英——端砚艺术展览》

广东是端砚的故乡。端砚又称端溪砚，因产于古端州（今广东肇庆市）而得名，其色紫质润，素有紫石、紫云、紫英之美称。因赏用兼优，被誉为"四大名砚"（端砚、歙砚、红丝砚、澄泥砚）之首，又与湖笔、徽墨、宣纸并称"文房四宝"，美誉众多，闻名遐迩。2006 年，"端砚制作技艺"被列入国家非物质文化遗产保护名录，其文化价值愈发令世人瞩目。

广东省博物馆藏有端砚 1000 余方，时代上起唐宋，下至当世，为馆藏优势项目。在广东众多的传统工艺品种之中，端砚是历史最为悠久的一类，具有丰富的历史价值、艺术价值、文化内涵及鲜明的地域特色，是广东省博物馆新馆陈列中具有鲜明地方特色的展项。

《紫石凝英——端砚艺术展览》展示面积达 600 余

《紫石凝英——端砚艺术展览》序厅

端砚展厅

清端石千金猴王砚

平方米，展出馆藏端砚近 200 方。展览围绕着历史价值、艺术价值、文化内涵三个主题，力求使观众对端砚及砚文化产生一定程度的关注和兴趣，更希望唤起民众对保护端石资源，继承制砚技艺的热情。

展览内容分为四个部分

第一部分：砚林回溯，介绍砚的源流、端砚的发展历史和时代特色。展出唐宋、明清至当代的端砚精品，作为展览内容的延伸，同时展出砖砚、陶砚、瓷砚、铜砚、漆砂砚等其他非石质的砚台，其中不乏具有明确出土地的早期端砚佳制。

第二部分：石质粹美，介绍端石的自然属性。端石坑口众多，能够出产优质砚石的名坑就有十余个，是大自然赐予广东得天独厚的自然资源。砚石石质细腻温润，有的甚至可以媲美小儿肌肤，而且具有绚丽多姿的石品花纹，观赏性佳。由于矿石结构和成分的原因，端砚易发墨，不损毫，其书写实用性为人称道。这部分的展厅设计为端石砚坑场景，并设有一个裸展互动区，展出端石石材，可供观众亲手触摸、近距离观赏，以增强感性认识。

第三部分：神工鬼斧，从工艺流程、雕刻技法、砚形砚式、装饰题材、因材施艺五个方面对端砚的工艺加以展示。端砚形制非常丰富，它的演变经历了由简而繁，由单一到多样的发展历程。端砚的装饰图案丰富多彩，内容几乎涉及中国传统文化的方方面面，其中备受喜爱的部分，历代沿袭，成为经典砚式。在雕刻技艺方面，因材施艺、巧用俏色是端砚制作中的重要法则。端砚十分强调顺乎自然，巧施雕琢，达到掩瑕显瑜、锦上添花甚至化腐朽为神奇的艺术效果。

第四部分：镌诗题铭，通过展示明清时期镌有铭文的端砚，揭示更加深沉的砚文化内涵。历代文人以端砚为载体，镌诗题铭，咏物言志，这些砚铭言辞精练，简洁清隽；书体正草隶篆，各具风致；印款题跋，相映成趣，体现出文人的审美情趣、境界追求和艺术造诣。展览中出现了朱彝尊、黄任、林佶、阮元等名家手泽的精品，而具有传奇色彩的清末端砚"三大名砚"之"千金猴王砚"、"喦华四象砚"也一展芳容。

(4)《漆木精华——潮州木雕艺术展览》

潮州木雕是我国著名的民间传统木雕流派，主要流行于粤东的潮州、潮安、饶平、汕头、澄海、潮阳、揭阳、普宁、惠来等旧潮州府属地区。

《漆木精华——潮州木雕艺术展览》入口

潮州木雕历史悠久，源远流长。它孕育和萌芽于唐代以前，起步于唐宋，成熟于明代晚期，清代达到鼎盛阶段，抗战时期陷入衰退。新中国成立以来，潮州木雕几经起伏，在传承与发扬中获得了新生，历史悠久的潮州木雕艺术绽放出新的光彩。2006年，潮州木雕被正式列入中国首批非物质文化遗产名录，成为中华民族的宝贵文化财富。

潮州木雕以饱满繁复、精巧细腻、玲珑剔透、金碧辉煌的艺术风格而著称。那变化无穷、造型各异的器物品类，那生活气息浓郁、民俗意蕴深厚的题材纹饰，那惟妙惟肖、纤毫毕现的雕刻工艺，那豪华富丽、流光溢彩的漆金技法，无不形象地展示着潮汕人的风尚习俗和人文精神，具有独特的魅力和迷人的风采！

金漆木雕大寿屏

《漆木精华——潮州木雕艺术展览》分源流篇、制作篇、艺术篇、器用篇、欣赏篇，展出木雕实物200多件（套），品类丰富，精品迭出，如场面宏阔、精细入微的描金漆画诗经意境图大寿屏，玲珑剔透、栩栩如生的圆雕蟹篓，还有造型独特、精雕细刻的神龛、神亭、神轿、薰炉罩、馔盒、糖果架、纸煤筒……琳琅满目，多姿多彩。展厅中逼真地复原了传统潮汕民居厅堂、卧室、书房等场景，生动地再现了木雕制品在潮汕民间生活中的陈设应用，让观众在浓郁的潮汕文化氛围中赏心悦目地观赏、流连，充分领略潮州木雕独特的艺术魅力和深厚的文化意蕴！

3.《粤山秀水 丰物岭南——广东省自然资源展览》

《粤山秀水 丰物岭南——广东省自然资源展览》序厅

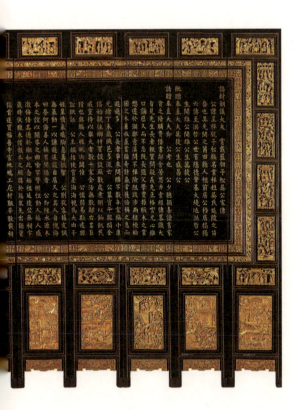

　　《粤山秀水 丰物岭南——广东省自然资源展览》是广东省博物馆最重要的固定陈列之一，在近4000平方米、高度达8米到22米的高大空间内，将地质地貌、矿产资源、宝玉石、中草药、陆生野生动物、海洋生物、古生物共7个主题展览纳入其中，展线总长度达到1221米，较为全面地展示了广东省的自然资源及相关的自然科学知识。

　　我们的家园——地质地貌馆。展览主要展示广东地区独特的地质地貌特征，包括广东的丹霞山、湖光岩等7个国家地质公园和七星岩、鼎湖山等景区的自然景貌，并重点展现了广东最具代表性的丹霞、岩溶、海蚀遗迹、火山、花岗岩奇峰等地质地貌，使观众在"游览"广东名山秀水的同时，获得相关的地质地貌常识。

　　整个地质地貌景观都采用了实地翻模和现场拼接的方法，将广东的名山"搬"到了展览现场，同时又将湖光岩、大鹏湾等湖海景色制作成大型景观画并巧妙地嵌于相关的实地复制景观之间，同时还在显示屏上不断滚动播出高清的地貌图片，置身展厅，观众犹如穿行在巨大的山体之间、徜徉在波光粼粼的湖水之边。

我们的宝藏——矿产资源馆。广东是我国有色金属、贵金属、稀有金属、稀土金属和非金属矿产的重要产区。展览通过展示广东特有的矿产资源标本，介绍了广东储量丰富的可燃冰、钛矿、铌等矿藏及稀有金属，使观众对广东这片土地产生了更多的了解，也更深刻地认识到矿产资源与人类生活的密切关系。

由于矿石标本多不具备观赏性，为了增加展览的可视性和亲和力，展览陈列设计人员别出心裁，将大型展柜巧妙地嵌入模拟的大型山体的底部。这样不仅突显了矿产资源是埋藏于地下的"宝藏"这一概念，同时增加了展览的趣味性。再灵活运用实物标本、矿山采矿图片、趣味模型、漫画等展示形式，使观众可以轻松地在"游山玩水"的同时怀着"山中寻宝"的好奇心理去认识这些埋藏于山中、地下的矿产资源，获得相关的科学知识。

石之精灵——宝玉石馆。宝玉石馆共展出 437 件实物和 143 张图片，以宝玉石原矿、琢型宝石、玉石雕刻、馆藏宝玉石相关文物共同对照展出的形式，使观众在欣赏这些精美宝玉石的同时能了解它们的原生状态和相关的矿物知识。

首先，为了使展览达到自然过渡的效果，形态各异的宝玉石原生矿被陈列于熔岩山洞中，观众置身其间，面对晶莹剔透的原生态宝石，仿佛触手可及，从而获得如身临宝藏中的奇妙感受。

其次，展览形式设计完全摒弃了传统的展柜形式，

宝玉石馆展厅

采用了与博物馆建筑外形相呼应的镂空式展柜。展柜中镂空部分的形状取材于博物馆建筑外部的镂空几何形状，颜色的搭配也与博物馆建筑的色彩相契合，各种宝玉石展品被恰如其分地置于高低错落、形态各异的镂空式展柜中，再配以亮丽的冷光源，使各种宝玉石标本在这略显幽暗神秘的环境中，更显得熠熠生辉。

岭南本草——中草药馆。展览旨在展示作为全国中医药材主产区之一的广东所拥有的岭南道地药材和民间药材，使观众初步了解何首乌、巴戟、沉香、春砂仁、广陈皮、广佛手、广藿香、穿心莲和化州橘红等独具特色的"南药"，并通过广东医事、百草堂场景使观众了解广东药材源流与中药文化，和广东老字号的企业文化。

广东的中草药文化别具岭南特色，凉茶铺便是其中之一。各名号的凉茶铺散布于广东城乡的大街小巷。展览将一间凉茶铺"搬"进展厅，里面按传统凉茶铺的陈设，有铜葫芦、草药柜、药碾以及喝茶的桌凳等。草药柜的抽屉还可以开启，拉开抽屉，便可以看到里面盛放着调制凉茶的二十四味药材的包埋标本。观众在这一进一看、一拉一探的动作中认识了中草药，感受岭南本草植物与中草药文化间的密切关系。

陆生的动物居民们——陆生野生动物馆。展览开篇用大量的不同分类特征的动物骨骼标本来介绍动物学基本知识，使观众可以直接观察难得一见的动物内部骨骼结构，看到大自然亿万年的"精雕细琢"。展厅用全开放式大型景观的陈列方法，将全部动物标本按照其生活环境散布其中，使实物和实景能够有机结合起来，还原了标本动物在其生存环境中的状态。

展览选取了广东省的三大基本生态类型：山地森林生态系统，灌丛、田间、草地生态系统和湿地生态系统，并在设计时巧妙地将木栈道运用其中，既能贯通始终，又在面积有限的展厅内将三大类型的景观分隔开来。观众沿着栈道前行，不同的生态景观分布两侧。展览说明特别向观众介绍了地处热带、亚热带，具有得天独厚自然条件的广东所拥有的丰富而独具岭南特色的陆生野生动物资源，其中还加入了多个知识窗、趣味园和互动问答等项目，在调动观众兴趣的同时传授生物科学知识，并使观众更加意识到人类与野生动物朋友们和谐相处的重要性。

海洋动物世界——海洋动物馆。广东省地处中国大陆最南部，南临南海，有着全国最长的海岸线，海域辽阔。丰富的光、热和海水资源，为海洋动物提供了优越的栖息和生存环境，因此广东省拥有丰富的海洋动物资源。海洋动物馆生动鲜活地将广东的海洋动物展现在观众面前，作为一扇窗户，使大家更好地认识广东。

由于部分海洋动物标本的体积十分巨大，例如须鲸、鳁鲸、姥鲨、鲸鲨等，这些海洋哺乳动物和鱼类，传统的开放式陈列方式很难再现它们的生活状态。设计人员利用海洋动物馆层高 22 米的建筑特点，将方形挂片大片地连接成网，如波浪起伏状铺展于空间的中部，经蓝色灯光和水纹灯的投射，营造出辽阔深邃的海洋环境。大型的鲸鱼与海豚错落地悬挂在蓝色的水纹灯下，成群的小鱼紧随其后，随着灯光的变动似乎在欢快地遨游。用于悬挂鱼群的吊索密集排列在空中，在灯光下呈现出海洋深处波光的效果，带给观众更加强烈的视觉冲击。各种鲨鱼等软骨鱼类和硬骨鱼类的展示同样采用了悬挂的方式，将静态的标本极富动态效果地展现在观众面前，使观众对广东省的海洋动物留下深刻的印象。

探寻消失的生命——古生物馆。地球形成于 46 亿年前，它从一片荒芜的大地，发展到现在丰富多彩的生物世界，经历了漫长的进化过程。本展览以生物进化过程中发生的重大事件为线索，以各地质时期具有代表性的化石为载体，以照片、复原图与文字相结合的表现形式，详细讲述了包括人类在内的地球生物，从无到有，从海洋到陆地的漫长演化与发展历程，向观众提供了一个了解古生物的出现、进化和灭亡过程的知识平台，呼唤人们对大自然的热爱，树立保护濒危生物的意识，促使人们对环境保护进行理性的思考。

古生物展厅被巧妙地安排在海洋馆下方，幽蓝的光线透过挂片的缝隙错落地投射到下面的恐龙化石上，使人恍若置身在远古世界，引发思古之幽情。恐龙化石的周围展柜还摆放有各类动植物化石，其中的一件——世界上最大最完整的海百合化石，堪称稀世珍品，它是自然的艺术，也是艺术的自然，令人叹为观止。

二　临时展览

临时展览名录	
序 号	名 称
1	《广东历代绘画展》
2	《陈略中国人物画展》
3	《澳大利亚当代原住民艺术展览》
4	《粤海寻珍——"南海 I 号"出水文物精品展》
5	《＜杨应彬诗词＞书画作品选展览》
6	《迷彩丹青颂南粤——广东预备役师画院作品展》
7	《＜今日广东＞图片展》
8	《＜激情盛会　翰墨流芳＞全国画展》
9	《我们·亚运——第 16 届亚运会整体视觉设计研究中心主题设计展》
10	《与亚运共舞——2010 广州画院作品展》
11	《考古中华——中国社会科学院考古研究所 60 年成果展》
12	《TCL 互动艺术展——活的世界经典艺术》
13	《刘藕生书画艺术展》
14	《岭南画派展览》

汪洋书记一行参观《广东历代绘画展》

1.《广东历代绘画展》

展览时间：2010 年 8 月 2 日～10 月 8 日

展览地点：广东省博物馆

展品数量：312 件／套

广东绘画艺术历史悠久，源远流长，具有鲜明的地域风格和深厚的文化底蕴，在我国绘画史上占有重要地位。本次展览广泛征集各地所藏广东历代画家作品，展出的作品时间跨度从史前到新中国成立前，地域涵盖了历史上的广东地域，作品时间跨度之大、展出画作之多，在国内地方画展中尚属首次。该展览旨在梳理、总结和研究广东绘画的发展脉络、风格特色、画家事历和艺术成就，保护和利用广东绘画的珍贵文化遗产，向广大观众提供回顾和把握广东文化艺术嬗变历程及其成果的机会，为促进广东的绘画艺术发展搭建平台，为推动文化大发展大繁荣，促进文化强省建设作贡献。

2.《陈略中国人物画展》

《陈略中国人物画展》开幕式

展览时间：2010 年 8 月 12 日～9 月 3 日。

展览地点：广东省博物馆

展品数量：86 件

陈略是当代岭南中国人物画家之一，师从关山月、黎雄才等艺术大师，现为享受国务院特殊津贴专家、中国美术家协会会员、濮阳书画院院长，专攻国画、年画，同时涉猎版画、连环画和漫画等。从 1980 年开始，他创作了《水浒一百零八将》、《封神演义全图》、《大闹天官》等年画，在画坛上创下印数过千万张的记录。他把中国画"写气"和"写形"完美结合，创作出雅俗共赏、充满生机的人物画作品，表现了中国传统的绘画主张、岭南画派的生动意趣和广东本土的独特风情。

3.《澳大利亚当代原住民艺术展》

展览时间：2010 年 10 月 12 日～10 月 22 日。
展览地点：广东省博物馆
展品数量：26 件

《澳大利亚当代原住民艺术展》

　　该展览由澳大利亚外交贸易部与澳洲艺术银行共同策划。展出的 26 件作品均来自澳洲西澳省东北部沙漠地区的巴尔戈丘（Balgo Hills）原住民艺术家。澳大利亚当代艺术 Balgo 原住民展览是当代原住民艺术家以现代的创作媒材，描绘出对"创世之梦"的远古神话记忆。原住民艺术家根据祖先传承下来的创世神话与泛灵信仰，结合与大自然和谐共存的体验，因而小山丘、洼地、岩洞与地下水都是其创作的灵感来源。巴尔戈丘的作品于 19 世纪 80 年代首度展露，其色彩鲜艳而大胆，笔调自由而充满力量，画面既有远古图腾，又有当代形式，图案兼具抽象形态与地景样貌。此次展览希望呈现来自南半球、充满朝气与活力的原住民艺术，透过他们丰富多元的艺术样貌，让观众有机会认识澳洲当地原住民的文化、土地与历史，进一步深入了解人类的历史与生命价值。

4.《粤海寻珍——"南海Ⅰ号"出水文物精品展》

展览时间：2010 年 10 月 13 日～10 月 14 日
展览地点：广州大剧院
展品数量：19 件

此次展览系配合根据宋代沉船"南海 I 号"史实创作的新编粤剧《南海一号》在广州大剧院首演而策划的小型展览。广东省博物馆从"南海 I 号"出水的 6000 多件文物中，遴选极具代表性的 19 件精品进行展出。金腰带、鎏金手镯、龙泉窑青釉刻花大碗等珍贵的出水文物引起了媒体与观众的极大兴趣。此次展览首次尝试将我国粤剧艺术与水下考古进行结合，将物质文化遗产和非物质文化遗产创造性地融合，是创建广东省特色文化品牌的有益探索。

《〈杨应彬诗词〉书画作品选展览》开幕式现场

5.《〈杨应彬诗词〉书画作品选展览》

展览时间：2010 年 10 月 19 日～10 月 23 日。

展览地点：广东省博物馆

展品数量：170 件

杨应彬先生是广东省内德高望重的老同志，在几十年的革命战争生涯和党政领导工作岗位上，始终坚持赋诗、习文，先后出版了《东湖诗草》、《东廓吟鞭》等。此次展览展出了海内外书画家根据杨应彬的诗词所创作的书画作品中的 160 余幅精品。

《迷彩丹青颂南粤——广东预备役师画院作品展》开幕式

6.《迷彩丹青颂南粤——广东预备役师画院作品展》

展览时间：2010 年 10 月 28 日～11 月 13 日

展览地点：广东省博物馆

展品数量：60 件

广东预备役师画院于 2010 年 1 月成立，是全国首家预备役部队画院，旨在弘扬民族文化，提升军营文化

品位，活跃基层官兵文化生活，大力培育当代革命军
人核心价值观，扎实推进争先创优活动开展，充分发
挥政治工作的服务保障作用。画院成立后，充分发挥
军地文化交流的桥梁纽带作用，画家们用艺术的形式
记录了多姿多彩的军营生活、开展了培育当代革命军
人核心价值观主题教育和争先创优活动。此次的展览
作品包括中国画、版画、雕塑等，形式多样，主题鲜明，
意蕴深邃，气势恢宏，精品荟萃。

7.《〈今日广东〉图片展》

展览时间：2010 年 11 月 2 日~11 月 10 日
展览地点：广东省博物馆
展品数量：178 幅

《〈今日广东〉图片展》现场

　　该展览依托 2010 年 4 月启动的"迎广州亚运，看
今日广东"摄影比赛，从中遴选优秀作品集中展出。
展览共分"喜迎亚运"、"多彩大地"、"经济建设"、
"岭南文化"和"和谐社会"五大部分，反映了广大
人民喜迎亚运的真情实感，展示了广东改革开放以来
所取得的辉煌成就，以及今日广东的新形象、新面貌。

8.《〈激情盛会 翰墨流芳〉全国画展》

展览时间：2010 年 11 月 13 日~11 月 15 日
展览地点：广东省博物馆
展品数量：280 件／套

　　2010 年 11 月 12 日在广州举行的第 16 届亚运会，
是继 2008 年北京奥运会之后，我国举办的又一项大型
综合性国际体育文化盛会。为更好地传播广州亚运会
理念，扩大中华文化的影响，展现文化与体育的激情碰

撞，广州亚组委和中国美术家协会联合主办了此次画展。该展览与体育盛会激情对接，为广州亚运会奉献一场精彩的文化盛宴。

《我们·亚运——第16届亚运会整体视觉设计研究中心主题设计展》展出效果

9.《我们·亚运——第16届亚运会整体视觉设计研究中心主题设计展》

展览时间：2010年11月13日～12月6日
展览地点：广东省博物馆

该展览内容包括亚运城市景观设计、亚运场馆形象设计、亚运产品开发与设计，以及亚运期间整体视觉的各项设计等，旨在为国内外来宾提供亚运精神的文化活动体验，宣传广州国际文化形象。展览对亚运期间的所有城市形象设计与文化活动进行梳理、总结，形成文字、图片和实物等文化遗产，使之成为广州城市发展及文化形象的一个里程碑。

10.《与亚运共舞——2010广州画院作品展》

展览时间：2010年11月14日～11月22日
展览地点：广东省博物馆
展品数量：70件/套

此次展览选取了广州画院63位画家的代表作品，包括油画、水墨、工笔画、版画、水彩等类型。尽管是以迎接亚运会为主题的展览，但并没有完全以体育题材为主，画家亦未刻意去描绘亚运健儿，而是将对亚运会的所思所见以及对于岭南韵味的理解通过画笔加以反映，同时还描绘了以幸福、欢乐为基调的乡村景色等。

11.《考古中华——中国社会科学院考古研究所 60 年成果展》

《考古中华——中国社会科学院考古研究所 60 年成果展》开幕式

展览时间：2010 年 11 月 8 日～2011 年 2 月 27 日

展览地点：广东省博物馆

展品数量：428 件 / 套

为迎接第 16 届亚运会和首届亚洲残疾人运动会在广州举行，广东省博物馆与中国社会科学院考古研究所携手举办了《考古中华——中国社会科学院考古研究所60 年成果展》。展览展出文物 428 件套，均为中国社会科学院考古研究所 60 年来发掘收获，包括青铜器、玉器、陶器、瓷器、金银器等，绝大部分乃首次向社会公开展示。展品中世界之最、中国之最众多，如我国最早的小麦遗存、世界最早的玉饰等等。展览围绕考古学研究的一些重大课题展开，展示了相关学术研究前沿课题的进展情况。既生动形象地向观众展示了中华文明形成和发展轨迹，又对观众进行了一次难得的考古知识科普教育，深受观众喜爱。

《考古中华——中国社会科学院考古研究所六十周年成果展》图录

12.《TCL 互动艺术展——活的世界经典艺术》

《TCL 互动艺术展——活的世界经典艺术》开幕式

展览时间：2010 年 11 月 22 日～2011 年 1 月 22 日

展览地点：广东省博物馆

展品数量：19 幅（复制品）及多媒体设备

该展览是国内首次将 3D 制作、全息影像、语音识别、裸眼立体电视、娱乐互动等技术融合在一起举办的高科技艺术巡展。通过运用新科技，古代的艺术家及其作品中的人物都成了"有声有行"的"活人"，与观众面对面进行跨越时空的对话。展览依照艺术史的发展线索，利用全息影像技术让维纳斯、阿波罗、雅典娜"复活"，让蒙娜丽莎通过语音识别技术与观众对话。展览不仅是一场视觉盛宴，还是一场不可多得的高品质艺术欣赏教育展，使难以理解的美术品和文化变得形象和有趣。

13.《刘藕生书画艺术展》

展览时间：2010 年 11 月 25 日～2011 年 12 月 25 日
展览地点：广东省博物馆
展品数量：90 幅／件

《刘藕生书画艺术展》开幕式

刘藕生为广东省佛山市石湾人，既以制作石湾陶塑见长，又在书画创作方面颇有建树。在书画创作方面，刘藕生曾师从高剑父弟子谭允猷和国画大师关山月，并师法自然，形成了一种较为纯粹的个人风格。刘藕生书画创作题材丰富多彩，所绘山水、花鸟、人物，个性鲜明。此次展览所展出的书画和陶塑作品，是其近年来潜心构思与创作的精品，基本反映他独特的书画才能和鲜明的艺术风格。

14.《岭南画派展览》

展览时间：2010 年 12 月 29 日～2011 年 2 月 25 日
展览地点：中山市博物馆
展品数量：60 件／套

《岭南画派展览》在中山市博物馆展出

岭南画派是中国近代美术史上一个重要的美术流派。20 世纪 20 年代，岭南籍画家"二高一陈"——高剑父、高奇峰、陈树人在追随孙中山先生进行民主革命的同时，也在探索中国画的变革，创立了岭南画派。其后，以关山月、方人定、黎雄才为代表的新一代岭南画派艺术家承前启后，尤其是他们在反映新中国建设、反映现实生活的过程中建立起来的新国画体系，使岭南画派前贤所奉持的"折衷中西、融会古今"的艺术主张得到空前的发扬光大。该展览旨在让更多的人深入地认识及了解岭南画派的艺术风貌，弘扬岭南文化艺术。

以多种形式加强与观众互动

三　策展工作

策展工作是连接博物馆藏品和观众的桥梁，是陈列展览由抽象到具象的关键环节。为提高广东省博物馆策展工作，整合馆内资源而成立的陈列展示中心，定位于统筹全馆陈列展览的核心部门，负责基本陈列和临时展览的形式设计，临时展览的引进、设计、制作和布展等。

2010 年，为配合广东省博物馆新馆开馆，策展工作以新馆六大基本陈列：《广东历史文化陈列》、《粤山秀水 丰物岭南——广东省自然资源展览》、《翰墨流芳——宋元绘画与历代书法展览》、《漆木精华——潮州木雕艺术展览》、《紫石凝英——端砚艺术展览》和《土火之艺——馆藏历代陶瓷展览》为工作重心，集中力量进行精心设计，效果突出。

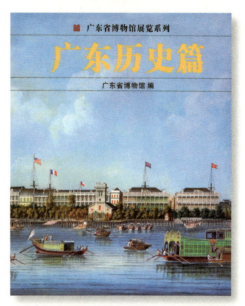

图书《广东省博物馆展览系列——广东历史篇》

在临时展览方面，陈列展示中心设计、制作和布展的临时展览达 14 个。其中，既有如《广东历代绘画展》这类展品珍贵、内蕴深厚、设计与布展难度大的展览，也有像《TCL 经典艺术多媒体互动展》利用最新的 3D 技术、全息技术、声音识别技术和 3D 立体电视来进行形式和内容展示的新型展览。

为丰富亚运会期间的文化活动，广东省博物馆适时推出了与亚运题材相关的展览：《我们·亚运——第

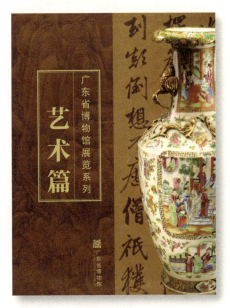

图书《广东省博物馆展览系列——艺术篇》

图书《广东省博物馆展览系列——自然篇》

16 届亚运会整体视觉设计研究中心主题设计展》、《〈今日广东〉图片展》、《〈激情盛会 翰墨流芳〉全国画展》、《"欢聚·分享·共赢"迎亚残运系列展演》，以及反映华夏悠久历史和文明的特大型展览《考古中华——中国社会科学院考古研究所 60 年成果展》。

此外，陈列展示中心还参与设计"博物凝英砚"，作为广东省博物馆赠送给 2010 年国际博物馆协会大会的礼品，令与会嘉宾印象深刻。

展览策划是当前博物馆展览发展的重要方向，博物馆界对此都十分重视。以博物馆学较为发达的西方为例，英国的博物馆策展人构成主要有以下三种：第一种是学术研究人员作为策展人。策展人及其团队主导整个展览项目的运作，展览的概念、内容、展示、布置、宣传、教育、资金筹集及社会关系等所有环节都由策展人及其团队负责。第二种是设立两个或两个以上的策展人，分工合作。这种模式在许多大型展览中得到应用，加强了展览的学术交流同时能够有效地控制项目的执行效率和质量。第三种模式是独立策展人。独立策展人独立于博物馆之外，除了具有相当的学术修养外，还需要有很强的公关能力和社会资源。上述模式在西方博物馆经历长期实践，展览项目的运作流程已有了专业的共识。广东省博物馆陈列展示中心抓住新馆开放这个契机，引入策展人才，以期在今后的陈列展览中借鉴西方先进经验，提高策展水平。

广东省博物馆年鉴 2010

广东省流动博物馆

　　2004 年，广东省博物馆启动"广东省流动博物馆"工程（又称"广东省博物馆陈列展览协作交流网"），成为广东文化工作的一大亮点。截至 2010 年，"广东省流动博物馆"成员单位达 75 个，共制作展览 44 个，巡回展出 219 场次，参观人数达 628 万人次，极大地丰富了全省人民的文化生活，形成了涵盖广东省内的城乡公共文化服务机制。2007 年，"广东省流动博物馆"荣获文化部颁发的文化工作创新奖中唯一一个特等奖。2010 年，"广东省流动博物馆"在省内各级博物馆举办展览 60 场次，参观人数高达 150 万人次，得到各地群众的热烈欢迎，取得了极好的社会效益。

广东省流动博物馆

一　2010 年"广东省流动博物馆"各巡回展览清单

序　号	名　称
1	《广东省自然保护区暨珍稀动物展》
2	《世界环境保护暨濒危动物展》
3	《鲁迅生平事迹图片展览》
4	《<抗日战争在广东>大型图片展》
5	《与爱同行——大地震、大救援大型图片展》
6	《走进世界文化遗产（中国篇）图片展》
7	《中华文明之光大型图片展》
8	《人体奥秘科普图片展》
9	《广东省物质文化遗产保护成果展》
10	《龙门农民画展》
11	《广东省非物质文化遗产图片展》
12	《湛江版画展》

序 号	名 称
13	《中西合璧——开平碉楼与民居展》
14	《世界环境保护及珍稀动物保护图片展》
15	《视觉·视角——骆伟雄、潘玉川摄影作品展》
16	《陈略中国人物画展》
17	《佛山木版年画展》
18	《海底奇葩——珊瑚花展览》
19	《昆虫大世界展览》
20	《昆虫之花——世界珍稀蝴蝶图片展》
21	《穿越——2009 广东青年画院画家作品巡回展》
22	《走进神秘的大自然——三维立体科普图像展》
23	《粤西木偶艺术展览》
24	《你让地球受伤了吗——认识自然、珍爱地球图片展》

二 "广东省流动博物馆"各巡回展览简介

1.《广东省自然保护区暨珍稀动物展》

广东省位于中国大陆南部，北依南岭，南临南海，北回归线横贯中部，具有北热带、南亚热带、中亚热带三种气候，山地垂直气候带明显，区域性气候差异大，山地、平原、丘陵、河流、湖泊纵横交错，具有自然生态环境复杂、生物种类繁多和特有种多等优势。野生植物有维管束植物 280 科 1645 属 7055 种，分别占全国总数的 76.9%、51.6% 和 26%；野生动物有兽类 102 种、鸟类 502 种、两栖爬行类 138 种，列入国家一级重点保

护野生动物 35 种，二级 151 种，分别占全国重点保护
动物的 23% 和 40%。东亚地区候鸟有 5 大南北迁徙路线，
经过我国境内的共有 3 条，而其中 2 条经过广东。

广东省自 1956 年建立全国第一个自然保护区——
鼎湖山国家级自然保护区以来，至 2001 年止，全省已
建立各种类型的自然保护区 172 个，陆地面积 79 万多
公顷，占全省国土面积的 4.47%。其中国家级自然保护
区 7 个，面积 12 万公顷。林业部门主管的自然保护区
158 个，占全省总数的 92%，陆地面积约 76 万公顷。基
本形成以国家级自然保护区为核心，以省级自然保护区
为网络，以市、县级自然保护区和自然保护小区为生物
通道的多层次自然保护区管护体系。

《广东省自然保护区暨珍稀动物展》在中山市博物馆
展出

本展览以大量极富自然气息的广东省自然保护区内
的珍稀动物图片，以及大量的珍稀动物标本来展现广东
省秀丽险峻、多姿多彩的自然环境，及其区域内丰富的
自然资源。该展览共展出两套展板和 192 件标本。

2.《世界环境保护暨濒危动物展》

人类不断地追求进步和文明，经历了渔猎文明、农
业文明和工业文明，正朝着信息文明进发。在这个过程
中，人类改变着自己，也改变着世界。伴随着物质文明
的高度发达，人类逐渐发现：森林面积在缩小，臭氧空
洞在扩大，环境污染在加剧，生物物种在减少，甚至濒
临灭绝——这些问题如果不加以控制，人类生存环境将
不断恶化，导致人类走向消亡。

《世界环境保护暨濒危动物展》在阳春展出

该展览展示了大量濒危动物图片，旨在提高和加强
人们对濒危动物的保护意识，号召大家积极行动起来，
维护生态平衡，保持地球生物多样性，追求人类文明永

《鲁迅生平事迹图片展览》

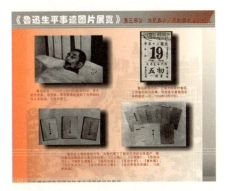

《鲁迅生平事迹图片展览》展出图片

《〈抗日战争在广东〉大型图片展》

续发展。该展览共有展板 40 件。

3.《鲁迅生平事迹图片展览》

作为一代文学巨匠，鲁迅精神具有撼人心魄的感染力，是中华民族的宝贵财富，值得我们发扬光大。该展览的具体内容如下：

第一部分　为救国救民寻求真理（1881 年 9 月—1918 年 1 月）

第二部分　在斗争中成为主将（1918 年 1 月—1927 年 4 月）

第三部分　为理想奋斗终生（1927 年 4 月—1936 年 10 月）

第四部分　纪念鲁迅　学习鲁迅

该展览旨在展示鲁迅在中国文学史上的崇高地位，让观众更好地了解鲁迅先生的生平事迹，使观众能够学习和掌握鲁迅作品的思想实质，对鲁迅精神有更深刻的了解。该展览共有展板 76 件，雕塑 4 组。

4.《〈抗日战争在广东〉大型图片展》

广东是抗日战争的重要战场之一。1938 年 10 月，日军在惠州大亚湾登陆，全面入侵广东。该展览回顾了广东军民反击日本侵略者的伟大历史过程，展现了民族危亡关头广东军民和各界人士团结一致、同仇敌忾、浴血奋战的光辉业绩，激励广大人民同心同德，开拓进取，为把我国建设成为富强、民主和文明的社会主义强国，完成统一祖国、振兴中华的宏伟目标而奋斗。该展览共有展板 69 件。

5.《与爱同行——大地震、大救援大型图片展》

　　该展览分为灾情、救援、安置、致哀、义演、捐助等几大部分，展出图片近 120 幅，真实再现了灾区人民可歌可泣的感人故事和各路英雄抗震救灾的感人事迹，颂扬中国人民"一方有难，八方支援"的优良传统和高尚品德。展览还通过众多图片记录了广东人民积极开展各类赈灾义演活动、踊跃支援灾区的同胞情谊。展览共有展板 110 件，雕塑 5 组。

6.《走进世界文化遗产（中国篇）图片展》

　　世界遗产是大自然的造化和人类文明创造的精华，是人类与自然和谐共存的典型代表，是自然进化和人类创造的真实记录。该展览忠实地再现了新中国在文化建设尤其是在保护世界遗产方面的发展史，及其对保护世界文化和自然遗产所作出的不懈努力和巨大贡献。同时，展现了人与自然之间和谐美妙的关系，旨在增强人们对人类价值统一性的理解，呼吁人们保护世界遗产，将它们真实完整地传承下去。该展览共有展板 57 件。

《走进世界文化遗产（中国篇）图片展》展板

7.《中华文明之光大型图片展》

　　作为四大文明古国之一，中华文化，源远流长。在人类历史的长河中，中华民族的祖先用劳动和智慧创造了光辉灿烂的东方文明。今天，中华民族正经历着翻天覆地的变化，国际影响力在不断扩大。我们有理由相信，随着我国改革开放的不断深入，屹立于世界东方的华夏文明势必会更加耀眼，走向更大的辉煌。该展览旨在加

《中华文明之光大型图片展》

深入们对中华文化的了解，继承和弘扬中华传统文化，实现中华民族伟大复兴。该展览共有展板 44 件。

8.《人体奥秘科普图片展》

为弘扬科学精神，传播科学思想，普及人体科学知识，倡导科学方法，呼吁人们尊重科学，关注健康，认识自我，珍爱生命而策划了《人体奥秘科普图片展》。该展览以人体九大系统为单位，通过塑化标本、管腔铸型标本、图片和文字相结合的形式，让人们认识人体的形态和结构，进而了解人体各部分功能，唤起人们对卫生健康的进一步重视，以提高整个社会的健康水平。该展览共有展板 52 件。

9.《广东省物质文化遗产保护成果展》

保护历史文化遗产是一项功在当代、利在千秋的伟大事业。广东是岭南文化的中心地、海上丝绸之路的始发地、近代民主革命的策源地、改革开放的先行地，文化遗产十分丰富。全省现有国家历史文化名城 6 座，名镇 2 个，名村 5 个，省级历史文化名城 16 座，全国重点文物保护单位 66 处，省级文物保护单位 252 处，市、县级文物保护单位 2171 处，全国近现代优秀建筑 9 处，未公布为文物保护单位的古遗址、古墓葬、古建筑、近现代重要史迹及代表性建筑、石刻等不可移动文物万余处，馆藏文物 50 多万件。

该展览旨在通过文化历史传统教育，继承和弘扬中华民族的优秀文化传统，加强全省历史文化遗产保护工作的力度，进一步推进我省文化事业的发展。这对于促进文化大省和文化强省建设，构建社会主义和谐社会将产生深远的作用和影响。该展览共有展板 58 件。

淋菜 ——钟永廉

10.《龙门农民画展》

龙门农民画始创于 1972 年。龙门是个传统的农业县，艺人皆以务农为本，纯朴的农村文化培育出众多的"农民画家"。仅仅三十多年来，龙门已涌现出一大批在国内外颇具影响的农民画家。

龙门农民画吸收了单线平涂手法，结合水墨画、水彩画、油画的表现形式，并借鉴传统民间刺绣、木雕、剪纸等艺术手法进行创作，展现岭南地域传统民俗文化，大胆运用夸张变形的艺术手法，以浓墨重彩渲染人们丰富多彩的劳动和生活。

龙门农民画色彩鲜明、情趣盎然、活泼生动，体现了艺术家对生活、劳动、爱情和大自然的热爱。在审美视觉上别具特色，具有较高的美学价值。龙门农民画曾在广州、北京、上海、西安等众多城市展出，并到美国、日本、瑞典、挪威、香港、澳门等国家和地区展览，已成为广东的一个文化品牌。该展览共有农民画 100 幅，展板 6 件。

11.《广东省非物质文化遗产图片展》

岭南大地，历史悠久，文化积淀深厚。南粤先民创造了种类繁多、风格独特、丰富多彩的非物质文化遗产。广东音乐、潮州音乐，广东汉乐、粤剧、潮剧、汉剧，客家山歌、醒狮、麒麟，瑶族大长鼓、剪纸，潮州木雕和石湾陶等非物质文化遗产分布广泛，在国内外有着重要的影响。该展览展示了广东省非物质文化遗产概貌和新时期广东的文化生态，强调非物质文化遗产的重要性。

《湛江版画展》在台山市博物馆展出

该展览共有展板 104 件。

12.《湛江版画展》

湛江是我国著名的版画之乡，湛江版画在我国新兴版画发展史上占有重要位置。从上世纪 50 年代到现在，湛江版画一直以强烈的生活气息、浓郁的地方特色和清新的艺术风格受到国内外的关注和好评。湛江版画曾获得中国版画最高奖鲁迅版画奖和日本版画研究金奖。

该展览展出 50 幅作品，是 20 世纪 80 年代以来湛江版画第二代和第三代画家的代表作品，较全面地反映了当代湛江版画的基本面貌。作品继承了湛江版画关注生活的优良传统，但风格样式更加多样化、更注重版画本体语言的探索和研究。

塘口镇自力村碉楼群

13.《中西合璧——开平碉楼与民居展》

进入近代，西方列强通过苦力贸易将华工贩运至美洲。1839 年，开平农民谢社德在香港卖身当"苦力"，开启了开平人旅美的历史，从此逐渐形成了富有特色的侨乡文化。建筑是这段历史的有力见证，在侨乡四野，处处可见 20 世纪二三十年代的西式建筑，千姿百态的碉楼是其中的代表。

该展览通过平凡而真实的开平人物故事和图片来展现当地华侨历史（重点介绍了 19 世纪 40 年代到 1943 年美国废除"排华法案"期间国内外华侨的情况），重现碉楼背后的沧桑。展览共有雕塑 1 个，照片 70 幅，展板 54 件。

14.《世界环境保护及珍稀动物保护图片展》

地球是迄今为止所知的唯一一个有生命存在的星球。人类自出现以来就以各种方式改造自然，这一方面为人类自身生存所必须的物质财富提供了保障，另一方面却破坏了自然界原有的秩序和平衡。该展览希望通过图片展示来敦促世人立刻行动起来保护环境和生物多样性，走可持续发展道路。该展览共有展板 40 件。

15.《视觉·视角——骆伟雄、潘玉川摄影作品展》

将骆伟雄和潘玉川的作品放置在一起，是策展人一个刁钻的视觉"预谋"：农村的／都市的、古旧的村民／新新人类、写实的／表现的、自然的／道具的、平实的／哲理的、荒凉的／忧郁的、苍老的／前卫的在同一个空间拉锯，视觉张力在展线中紧张地展开。由于这两个蓄须留胡的男人张望当下生活的视觉不同，产生了叙事对象的区别，言说方式的差异，因此观众的眼睛完全被他们所制造的迥然不同的视觉形象和跳跃的视觉效果引领着前进。

骆伟雄写实性镜头的视觉意义在于：这些视觉形象可以成为历史视觉。虽然是写实性的，但镜头又是主观的，在历史缅怀和现实窘况的扭结中，直觉的镜头成了深灰色的"历史观"。潘玉川的视觉更多集中在现代文明给精神带来的异化状态，探讨现代人心智发育的问题。该展览共有作品 58 幅。

《世界环境保护及珍稀动物保护图片展》

骆伟雄：老村系列

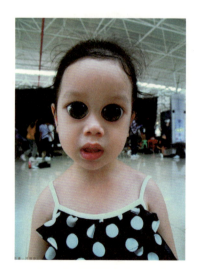

潘玉川：卡通一代系列

陈略作品《戏蝶》

16.《陈略中国人物画展》

古人云："画人物，最为难工，虽得其形似，则往往乏韵。""写照非画物比，盖写形不难，写心惟难。定其形必传其神，传其神必写其心。"陈略的国画人物，在形，在韵，在神，更在心。陈略的画其格清淡，其境清旷，其情清古，其气清新，其节清介，其色清润，其笔清劲。天地的幽趣，人物的神趣，万物的生趣充盈着盎然的情趣。尤其画中女性形象，洋溢着唐人之风。

陈略专攻人物，匠心独得，自辟宗门。神仙鬼怪，俱深谙古人状形绘韵之三昧，画人写心三昧。笔墨无情，运笔有情。墨以破用而生韵，色以轻用而无痕，笔墨所至，通窍出灵，形象毕现，清旷古逸。该展览共有画作 60 幅。

小学生参观《佛山木版年画展》

17.《佛山木版年画展》

佛山木版年画是我国华南地区著名的民间年画，始创于明代，鼎盛于清代至抗战前，距今已有五百多年历史，在海内外享有盛誉。与天津杨柳青、苏州桃花坞、山东潍坊杨家埠及四川绵竹年画齐名。

佛山木版年画的题材和形式，多以岭南地区人民，尤其是广大农村劳动群众的民俗习尚为主，具有强烈的岭南文化地区特色。其中包括门神、年画、神相等，以木印（套印）、木印工笔等方式进行生产。年画题材以历史人物、戏曲故事、民间传说、佛道神仙为内容，同时与佛山地方的手工业及商业经济、民间信仰的需求相适应，充分体现了佛山民间艺术特色。

佛山木版年画以红、绿、黄、黑色木版套印，吸收了佛山剪纸、刺绣、铜凿金花等民间艺术特色，线条粗犷刚劲，加上工笔绘彩、勾金粉等表现技法，使画面富丽堂皇。其中以硃砵填丹的佛山木版年画最具特色。该展览共有年画 59 幅，展板 13 件。

笙珊瑚

18.《海底奇葩——珊瑚花展览》

美丽动人的珊瑚是海洋创造出来的天然艺术品。珊瑚是由许多珊瑚虫群体组成的。珊瑚虫是一种腔肠动物，在生长过程中，它们逐渐形成了树枝状的婀娜多姿的生物群体。

珊瑚的主要化学成分是 $CaCO_3$，以微晶方解石集合体形式存在，成分中还有一定数量的有机质。珊瑚可以作为有机宝石，也是古今中外深受人们喜爱的宝石品种。珊瑚与佛教也有密切关系，印度和中国西藏的佛教徒视红色珊瑚为如来佛的化身，因此把珊瑚作为祭佛的吉祥物，多用来做佛珠，或用于装饰神像。世界上的珊瑚礁多见于南北纬 30° 之间的海域。著名的珊瑚礁有：澳大利亚的大堡礁、中美洲洪都拉斯的罗阿坦堡礁和埃及红海海岸的珊瑚礁。

珊瑚对生长环境要求相当高，在海洋生态环境保护中扮演着非常重要的角色。近几年，由于全球气候急剧变化，水资源污染以及人类的过度开发，导致珊瑚面临濒危的境地。2007 年，世界自然保护联盟首次把海洋珊瑚列入了濒危物种的红色名单。该展览共有标本 40 种，76 件；展板 30 件。

19.《昆虫大世界展览》

昆虫种类有 1000 万种以上，目前已被人类认知的昆虫大约 100 万种。昆虫的身体没有骨骼，其身体可分为三个不同区段：头、胸和腹。昆虫是节肢动物最主要的成员之一，在地球上生活了几亿年，比人类的出现要早得多。

昆虫在生态圈中扮演着很重要的角色，例如虫媒花需要得到昆虫的帮助，才能传播花粉。昆虫在农林、医药、工业、食品等行业都能给人类提供帮助；在观赏性、在听觉享受、在艺术工艺上也能带给人类意想不到的惊喜。昆虫作为自然界最繁盛的种类，与人类的关系十分密切。该展览共有展板 39 件。

20.《昆虫之花——世界珍稀蝴蝶图片展》

蝴蝶在全世界大约有 14000 余种，除南北极寒冷地带外都有分布，其中以美洲的亚马逊河流域品种最多，在亚洲，中国台湾也以蝴蝶品种繁多著称。蝴蝶一生发育要经过四个阶段：卵、幼虫、蛹、成虫。只有在成虫阶段，蝴蝶才有翩翩起舞的美姿。在成虫之前，蝴蝶经历从卵到蛹的成长过程，形态变化非常大，外貌也非常丑陋。只有当蝴蝶破蛹而出、拍动美丽的翅膀时，我们才能看到自然界创造物种的神奇。该展览共有展板 26 件。

21.《穿越——2009 广东青年画院画家作品巡回展》

《穿越——2009 广东青年画院画家作品巡回展》现场

该展览是广东青年画院以关键词"穿越——地域性与当代性"为学术源点，联合广东省流动博物馆共同策划、举办的以弘扬岭南传统文化意识，共同探讨传统文化遗产与当代社会发展的关系的展览。该展览共有画作 100 幅。

22.《走进神秘的大自然——三维立体科普图像展》

三维立体图象的特点是运用数码技术，按照人左右眼在观看实际景物时的立体视差对平面图片的内容进行分色处理，然后透过立体眼镜，让左右眼在一张图片上同时看到具有立体视差的两幅图，将普通的平面图像由二维转变为三维，使图像更加逼真、生动、全面地反映实物。该展览由三个部分组成：《恐龙世界》、《海洋生物世界》和《星座科普知识》，共有 72 块展板，材质为铝合金框架，画面为高精度亚膜写真。

《走进神秘的大自然——三维立体科普图像展》

23.《粤西木偶艺术展览》

粤西木偶自明万历年间从福建传入至今已有 400 年的历史，其发展经历了诞生、成熟、繁荣、禁锢、复兴等阶段，曾广泛流传于粤西地区的湛江、廉江、遂溪、吴川、化州、高州、茂名、电白等地。木偶造型生动传神，栩栩如生，深受广大群众的喜爱，在国内外均有着极高的声誉和影响。粤西木偶艺术在广东戏剧史上留下了浓墨重彩的一笔，至今依旧鲜亮，成为粤西地区宝贵的传统文化遗产。为保护和宣传广东省内特有的文化遗产，丰富广大人民群众的精神文化生活，特别策划了该展览。展览共有木偶 61 个，展板 33 件。

粤西木偶造型：孙悟空形象

24.《你让地球受伤了吗——认识自然、珍爱地球图片展》

人与自然的关系是一个永恒的话题。地球是人类赖以生存的家园，伴随着现代化进程，人类正在以一种不可持续的方式攫取自然资源而置生态环境于不顾。这种竭泽而渔的行为哲学，无疑将给地球带来灭顶之灾，同时也将断送人类永续发展的可能性。该展览意在呼吁每一个人，从现在起，从我做起，认识大自然、珍惜大自然、保护大自然。该展览共有展板60件。

《你让地球受伤了吗——认识自然、珍爱地球图片展》

广东省博物馆年鉴 2010

学 术 与 出 版

一 学术交流

1. 国际博物馆协会 2010 年上海大会筹备工作会议

国际博物馆协会 2010 年上海大会筹备工作会议

2010 年对国际博物馆协会（ICOM）而言是特殊的一年。国际博协将两次重要活动放在中国举行：一是国际博协参加 2010 年上海世博会；二是国际博协 2010 年年会在上海召开，这是国际博物馆协会成立 64 年来首次在中国举行年度盛会。为筹备好、组织好国际博物馆协会 2010 年年会，2010 年 5 月 17 日，国际博物馆协会在广州广东省博物馆召开"国际博物馆协会 2010 年年会筹备会"，中国国家文物局副局长宋新潮，中国博物馆协会理事长、国际博协中国国家委员会主席张柏，国际博物馆协会主席桑德拉·库敏斯，国际博物馆协会总干事朱利安·安弗伦斯对此次筹备会十分重视，亲临现场，听取年会筹备办公室工作汇报，并就筹备工作进行深入探讨，研究解决方案，部署下一阶段工作。此次会议由中国博物馆学会、广东省文化厅主办，广东省文物局、广东省博物馆承办，共有来自国内外约 200 名政府官员和专家学者参加。

2. 走近 ICOM2010 年大会·广州国际博物馆高峰论坛

"走近 ICOM2010 年大会·广州国际博物馆高峰论坛"会场

2010 年 5 月 18 日～19 日，"走近 ICOM2010 年大会·广州国际博物馆高峰论坛"在广东省博物馆召开。国际博协总干事朱利安·安弗伦斯，国家文物局副局长宋新潮，局直属文博机构以及中国、韩国、日本博物馆机构领导分别作了发言。与会专家学者就 2010 年国际博物馆日主题——"博物馆致力于社会和谐"、当今博物馆事业发展等主题进行探讨。广东省博物馆馆长肖洽龙以"广东省流动博物馆"建设经验与启示为例，探讨如何促进文化均衡发展，助推和谐广东建设。与会学者还就当前博物馆存在的一些热点问题进行了探讨和交流，议题广泛而深入。此次会议由中国博物馆学会、广东省文化厅主办，广东省文物局、广东省博物馆承办，共有来自国内外约 500 名专家学者与会。

3. 纪念张学良诞辰 110 周年暨国际学术研讨会

2010 年 6 月是张学良将军诞辰 110 周年及逝世 10 周年。2010 年 6 月 1 日～2 日，纪念张学良诞辰 110 周年暨国际学术研讨会在辽宁省沈阳市举行。来自两岸三地和日本的专家学者 120 多人参加了此次会议，大多数学者都提交了学术论文。此次研讨会由辽宁张学良暨东北军史研究会、张氏帅府博物馆主办，张氏帅府博物馆承办。广东省博物馆副研究馆员邓荣元参加了此次学术研讨会，并提交了学术论文《张学良政治活动的心理剖析》。

4. 启蒙中国：广东百年漫画学术研讨会

2010 年 8 月 21 日，由广东人文学会廖冰兄人文专项基金管理委员会等单位主办的"启蒙中国：广东百年漫画学术研讨会"在广州市天河区人民政府举行，近百人参加了会议。大会从美术史、文化史及政治史等多角度回顾了上世纪二三十年代以来由何剑士、叶因泉、潘达微、廖冰兄、方唐等人引领的广东漫画曾经在主流漫坛走过的辉煌，探析了形成以"喜羊羊与灰太狼"为代表的广东动漫群体的社会原因与人文背景，并强调漫画的批判性，漫画家应从大爱大恨入手剖析社会，解构生活。广东省博物馆艺术部副主任朱万章研究馆员做了主题发言，结合广东省博物馆举办的"广东历代绘画展览"中的广东漫画，谈到广东漫画在广东绘画史上的地位及其影响。

5. 第十一届考古与文物保护化学学术研讨会

2010 年 8 月 29 日～30 日，全国"第十一届考古与文物保护化学学术研讨会"在吉林大学召开，研讨会共收到 120 篇论文。此次研讨会由中国化学学会应用化学委员会考古与文物保护化学科学委员会主办，吉林大学边疆考古研究中心、中国科学院长春应用化学研究所、秦始皇兵马俑博物馆承办，吉林省文物考古研究所协办。随着文博事业的发展，文物的保护与研究已成为备受社会关注的系统化工程，需要多种学科和专业的交叉融合，吸取来自各领域、各学科的知识，两年一届的全国考古与文物保护化学学术研讨会为文物保护研究与交流搭建了学术平台。广东省博物馆文保中心宋薇参加了此次学术研讨会，并提交学术论文《北礁遗址出水青铜钱币的分析与保护》，和与会代表开展学术交流。

6. 黄宾虹学术研讨会

2010 年 9 月 20 日下午，"传无尽灯——黄宾虹艺术大展及学术研讨会"在广东省东莞市莞城美术馆举行，来自上海、广州、杭州、深圳等地的专家学者分别对黄宾虹不同时期的艺术成就、在美术史上的地位及其对当代画坛的影响等方面展开热烈讨论。广东省博物馆艺术部副主任朱万章研究馆员就黄宾虹与岭南画坛的交流及其对广东绘画的影响作了主题发言。

7. 齐白石艺术国际论坛

"齐白石艺术国际论坛"在北京召开

2010年10月15日～16日，齐白石艺术国际论坛在北京隆重举行，该论坛由中华人民共和国文化部艺术司、北京市文化局主办，北京画院承办。该论坛立足于齐白石艺术的研究，同时对中国20世纪的美术历程展开探讨，是一次海内外中国现代艺术研究专家们聚首的盛会，是一个国际相关艺术博物馆交流的平台，同时也是齐白石艺术市场人士、收藏家们对话的空间。百余位海内外专家、学者应邀出席，广东省博物馆艺术部副主任朱万章研究馆员参加了此次会议，并提交论文《齐白石艺术在日本的传播及其他》一文，和与会代表开展学术交流。

8. 中国古陶瓷学会2010年年会暨磁州窑学术研讨会

广东省博物馆艺术部主任黄静研究馆员出席"中国古陶瓷学会2010年年会暨磁州窑学术研讨会"

2010年10月20日，由中国古陶瓷学会、邯郸市人民政府、河北省文物局主办，峰峰矿区人民政府、邯郸市文化局承办的"中国古陶瓷学会2010年年会暨磁州窑学术研讨会"在邯郸市举行。来自中国、英国、法国、意大利、瑞士、日本、新加坡、马来西亚等国家的150多名古陶瓷专家、学者参加了会议。磁州窑文化源远流长，博大精深，是我国北方最大的民窑体系，也是我国古代民间瓷窑的杰出代表；它创造性地将中国传统绘画、书法技艺与制瓷工艺结合起来，形成了质朴、豪放、洒脱、明快的艺术风格，对我国乃至世界陶瓷发展都产生了极其深远的影响。广东省博物馆艺术部主任黄静研究馆员提交了《雷州窑彩绘瓷器研究》一文，并作主题发言，和参加会议的学者开展讨论和学术交流。

9. 广东省民俗学学术论坛

广东省博物馆肖海明副馆长主持论坛并作演讲

2010 年 11 月 4 日～6 日，"广东省民俗学学术论坛暨广东省民俗文化研究会第二次会员代表大会"在佛山举行。来自北京、南京、深圳、广州等地的专家学者共 90 多人出席了会议，共收到论文近 50 篇。会议期间，专家学者作了精彩的学术报告，同时选举产生了广东省民俗文化研究会第二届理事会。此次学术论坛由广东省民俗文化研究会、佛山市文化广电新闻局主办，佛山祖庙文物管理所承办。广东省博物馆副馆长、广东省民俗文化研究会秘书长肖海明研究馆员主持此次会议，并作主题演讲。

10. 国际博物馆协会第 22 届大会暨第 25 次全体会议

广东省博物馆馆长肖洽龙（中），副馆长莫鹏（左）、阮华端（右）出席"国际博物馆协会第 22 届大会暨第 25 次全体会议"

2010 年 11 月 7 日～13 日，"国际博物馆协会第 22 届大会暨第 25 次全体会议"在上海世博中心开幕。来自全球五大洲 122 个国家、地区和国际组织的 3360 余名博物馆馆长、文化遗产专家、博物馆研究者汇聚上海，以大会主题"博物馆致力于社会和谐"为中心，共同研究博物馆事业对促进人类社会和谐发展的历史使命和重大意义。大会期间，主办方组织了近百场专题研讨。国际博物馆协会的年度会议也在本届大会期间举行，选举产生国际博协新一任主席和执委会。广东省博物馆肖洽龙馆长、莫鹏副馆长、阮华端副馆长等一行 4 人参加了此次大会，并与国内外博物馆界同行开展交流和研讨。会议期间，肖洽龙馆长代表广东省博物馆向新当选的国际博协主席汉斯·马丁·辛茨、总干事安佛伦斯先生捐赠"博物凝英砚"。该砚由广东省博物馆与肇庆市博物馆联合设计、制作。

肖洽龙馆长代表广东省博物馆向新当选的国际博协主席汉斯·马丁·辛茨、总干事安佛伦斯先生捐赠"博物凝英砚"

朱万章研究馆员（右四）参加"秣陵烟月·明末清初金陵画派学术研讨会"

广东省博物馆朱万章研究馆员（二排右五）出席"千年丹青国际学术研讨会"

11. 秣陵烟月·明末清初金陵画派学术研讨会

2010 年 11 月 11 日～12 日，"秣陵烟月·明末清初金陵画派学术研讨会"在澳门艺术博物馆举行，来自中国、日本、美国、中国香港和台湾地区的数十名代表与会。研讨会主要针对明末清初金陵画派的画风、个案研究及美术活动等学术问题展开深入研究和探讨。广东省博物馆艺术部副主任朱万章研究馆员参加了此次会议，并宣读论文《清初岭南绘画与金陵画坛》。

12. 千年丹青国际学术研讨会

2010 年 11 月 15 日～16 日，"千年丹青国际学术研讨会"在上海博物馆举行，来自日本、美国、澳大利亚、德国及国内包括香港、台湾地区的 92 位代表出席，提交了 70 多篇学术论文，主要针对唐宋元时期绘画领域中一些突出的学术问题展开深入研究和探讨。以梁楷为代表的禅宗画之演进历程及其传至日本后对日本南画的影响等，也是与会者着重考察的话题。广东省博物馆艺术部副主任朱万章研究馆员参加了此次会议，并提交论文《陈容画龙研究》。

13. 中国考古学会第十三次年会

2010 年 11 月 25 日～26 日，"中国考古学会第十三次年会·三峡考古发现研究暨纪念夏鼐先生诞辰一百周年"在湖北武汉召开。作为三峡地区关于考古的规模最大的历史性盛会，此次年会吸引了来自全国各省、市、自治区的 130 余位学会代表及相关学者。本次考古学年会共收到学术论文 60 余篇，其中 41 篇三峡地区文

物保护工作和考古发掘成果、峡江地区文化进程研究及
对峡江地区城镇发展、生产生活方式的研究等内容。该
中国考古学年会由中国考古学会主办，湖北省文物考古
研究所、湖北省博物馆承办，湖北省文物局、重庆市文
物局协办。广东省博物馆文保中心派出专业技术人员参
会，进行学术交流活动。

14. 第四届东亚纸张保护修复研讨会

2010 年 12 月 6 日～8 日，"第四届东亚纸张保护
国际学术研讨会"在兰州举行，来自中国、日本、韩国、
朝鲜以及中国香港等 9 个国家和地区的 180 余名代表参
加了研讨会，学者们围绕"'丝绸之路'纸张研究与保
护"和"传统纸张技术保护与传承"两大问题展开交流
和探讨。此次学术研讨会由联合国教科文组织驻华代表
处、中国文化遗产研究院、甘肃省博物馆和甘肃省文物
考古研究所共同主办。广东省博物馆文保中心派出专业
技术人员参会，进行学术交流活动。

15. 全国南方三年游击战争理论研讨会

2010 年 12 月 13 日～14 日，"全国南方三年游击
战争理论研讨会"在江西信丰举行，研讨会取得了丰硕
的成果，与会人员加深了对南方三年游击战争重要地位
和作用的认识，加深了对新四军组建的认识和理解，加
深了对苏区精神与南方三年游击战争的革命精神的认识
和理解，加深了对红色资源开发利用价值的认识，加深
了对信丰等地在全国南方三年游击战争中的重要地位的
认识。全国 14 个省、市、自治区的广大党史工作者、
党史专家和其他社科理论专家提交论文 100 多篇。此次

会议由中共中央党史研究室第一研究部、中国军事科学院军事历史研究所、苏区精神研究会、中共江西省委党史研究室、中共赣州市委主办。广东省博物馆副研究馆员邓荣元提交学术论文《赣粤边地的三年游击战争》，和与会代表开展学术交流。

16. 广东省文物博物馆学会第六届年会暨学术研讨会

"广东省文物博物馆学会第六届年会暨学术研讨会"在河源市召开

2010 年 12 月 14~16 日，"广东省文物博物馆学会第六届年会暨学术研讨会"在河源市召开。来自全省各地 100 多名文博专家学者参加了该会议，并提交了学术论文。会上代表们对当前文博界的重点和热点问题进行了深入研讨，也对文博事业面临的重要发展机遇和巨大挑战进行了深入探讨。本次会议促进了全省各地文博界人士的交流与合作，构建了一个资源共享、信息互通、碰撞智慧、谋求发展的交流平台。广东省博物馆 29 名专业技术人员参加了该会议。该年会暨学会研讨会由广东省文物博物馆学会、河源文化广电新闻出版局主办，广东省博物馆、河源市博物馆承办。

17.《珍秘翰墨——清宫藏善本碑帖特展》及学术研讨会

朱万章研究馆员（三排右二）参加《珍秘翰墨——清宫藏善本碑帖特展》及学术研讨会

2010 年 12 月 17 日，由北京故宫博物院主办的"珍秘翰墨——清宫藏善本碑帖特展"及学术研讨会在故宫博物院兆祥所举行，来自中国、日本以及台湾地区的专家学者二十余人参加了会议。会议围绕故宫所藏善本碑帖展开讨论。广东省博物馆艺术部副主任朱万章研究馆员结合广东省博物馆所藏碑帖就明清刻帖及本次故宫展出的善本碑帖等相关问题作了主题发言。

二　学术出版

1.《古陶瓷研究论集》

宋良璧著，岭南美术出版社 2010 年 4 月出版

《古陶瓷研究论集》一书，于 2010 年 4 月由岭南美术出版社出版发行。全书共分五个部分，第一部分为"古陶瓷研究"，所选论文皆为作者多年古陶瓷研究心得之萃选；第二部分为"古陶瓷鉴赏"，系精选作者历年报刊杂志上发表的有关文物鉴定和鉴赏方面的文章；第三部分为"文物保管工作研究"；第四部分为"其他文物研究"，涵盖书画、杂项、青铜器、端砚等方面的研究文章；第五部分为"附录"，收录了作者与全国的同行、老师和专家互相交流往来书信。全书 20 余万字，是作者几十年来从事古陶瓷保管、征集、展览、研究的呕心沥血之作。

宋良璧著《古陶瓷研究论集》

2.《广东楹联萃辑》

曹腾騑著，岭南美术出版社 2010 年 4 月出版

对联，也称对句、楹联，是我们用语言文字来表达思想感情的特殊方式，是中国特有的文学形式，是一种独特的中国文化遗产。该书所载对联，为广东地区保存在宫、观、洞、馆、寺、庙、堂、宗祠、书院、私塾、书斋、义学、亭、台、楼、阁、山庄、戏棚、塔、桥、井、泉、园林、民居、牌坊、门楼、府第、会馆、冢墓，关隘、纪念碑、纪念亭等处的建筑物附件。此外，还收录挽联、名人联句，共约三百多处，分十二类，约有四百多幅。对联是对建筑物、人名、神名、地名和历史人物的简要说明，内涵丰富，其中不乏警世之言。本书在介绍对联文字的同时，也叙述了建筑物所奉祀的人名神名

曹腾騑著《广东楹联萃辑》

来源以及历史典故，以增益书中的文化内涵和外延，希望引导人们关注对联这种我国特有的文学形式，将其继承和发扬光大。

3.《人际称谓与秦汉社会变迁》

白芳著，人民出版社 2010 年 6 月出版

称谓能够敏感地反映社会生活和社会思想的变化，日新月异的社会生活往往又促使称谓相应地发生很多改变。秦汉皇朝是中国君主专制中央集权制度的初创时期，在这个全新的时代背景下来研究秦汉人际称谓，是一个极具开创性与创造性的课题。作者充分运用正史稗记、简牍文书、考古实物等翔实丰富的珍贵资料，汲取历史学、考古学、社会学、语言学、民俗学等多门学科优秀的研究成果，综合运用二重证据法、列表法、对比法、区域史研究法等多种研究方法，悉心爬梳，严谨推理，探讨了君主专制中央集权制度初创之际的秦汉时期人际称谓的起源、演变、及社会文化内涵等问题，并对它们所反映出的秦汉时期岭南地区的历史文化，尤其是南越国时期岭南的制度文化、器物文化、社会习俗等方面的问题进行了深入论证。

4.《明清广东画史研究》

朱万章著，岭南美术出版社 2010 年 6 月出版

本书以传世作品和时人文献为依托，参照今人的最新研究成果，对明清时期广东绘画发展、研究的历史进行了分析探讨。全书由多篇文章组成，每篇文章相对独立，基本属于个案研究；同时整本书又是一个完整的体系。通过个案，可以看出整个明清广东绘画史的发展历程。本书的撰写时间大致在 20 世纪 90 年代初到 2009 年，

白芳著《人际称谓与秦汉社会变迁》

朱万章著《明清广东画史研究》

跨度近 20 年。文章的撰写风格、资料搜集及其"演变"历程都有明显的不同，这大致可反映出这 20 年来作者对广东绘画史的研究心得。这些文章，无论是宏篇大作，还是千余字的小品文，作者在捉笔为文时，总是尽可能贯穿着两个理念：一曰新材料的发现，一曰新观点的闪现，也就是在大量史料的爬梳及其画迹钩沉的基础上，有感而发。

5.《苏六朋》

朱万章著，广东人民出版社 2010 年 8 月出版

朱万章著《苏六朋》

苏六朋生于乾隆五十六年（1791 年），卒于 1861 年 3 月以后、1862 年 4 月 8 日以前。字枕琴，别号怎道人、怎叔、枕琴子、枕琴道人、枕琴居士、枕琴道子、枕琴道士、南水村佬、南溪渔隐、南水渔郎、溪南渔叟、梦香生等，是清代嘉庆、道光时期广东著名的人物画家。他别具一格的历史人物画、风俗画在广东美术史上写下了浓墨重彩的一笔。苏六朋同时也是一个诗人、书法家。在清代广东艺术史上具有举足轻重的历史地位。本书便是专门研究苏六朋的论著，包括生平事迹、艺术成就、交游和作品分析等，为人们展现了一个风俗、历史人物画家的历史风采。

6.《居巢 居廉》

朱万章著，广东人民出版社 2010 年 11 月出版

居巢、居廉二人并称"二居"。他们承继清初恽南田以来的没骨花卉画法，并创造性地将撞水、撞粉之法发扬光大，在近代岭南画坛上具有里程碑的意义。居廉更开帐授徒，桃李满园。他的画法经弟子们的传承得以延续，成为晚清、民国时期影响岭南画坛的中坚，一时被称为"隔山画派"或"居派"。居廉晚年弟子高剑父、陈树人后来

朱万章著《居巢　居廉》

朱万章主编《张大千人物画稿》

成为岭南画派的创始人。如今，每当人们谈论"二高一陈"所创立的"岭南画派"时，几乎总要提到高剑父、陈树人的启蒙老师居廉，并由此上溯到居巢；在谈论十九世纪末广东的美术状态时，也无一例外地要提到"二居"。他们所高扬的花鸟画写生传统及其"撞水撞粉"之法几乎主宰了广东画坛半个世纪。本书通过作品和史料，对居巢居廉的生平事迹、艺术成就、交游和作品等展开研究，为人们深入了解这段绘画史提供参照。

7.《张大千人物画稿》

朱万章主编，文物出版社 2010 年 12 月出版

长期以来，学术界对张大千的山水画、花鸟画及人物画的关注比较多，对于他一向精通的白描人物画却很少提及。本书力图为学术界、收藏界呈现张大千笔下的另一种艺术形象。该书精选张大千白描画稿 20 余幅，中国美术馆副馆长梁江研究员作序，广东省博物馆研究馆员朱万章撰写了《张大千白描人物画稿解读》一文，对于全面了解张大千在白描人物画方面的成就具有重要的意义。书后附有张大千关于人物画的画论和有关张大千人物画的参考文献，对于进一步研究张大千的人物画艺术，具有重要的参考价值。

8.《越南古钱集拓》

王贵忱　王大文　夏穗　编著

该谱精选越南古钱 355 枚（小平钱 296 枚，大钱 59 枚），原钱手拓，全书一套六册，共手拓八套。

三　科研项目

　　广东省博物馆共承担广东省科技厅项目 2 个，分别为《岭南地区博物馆藏品虫害及防治技术研究》和《广东地区纸质文物藏品的老化及保护材料研究》。

　　《岭南地区博物馆藏品虫害及防治技术研究》（项目编号：2006B36401006；项目进度：2007 年 1 月至 2009 年 12 月）。主要完成以下工作：（1）广东省博物馆和华南理工大学签订技术开发委托合同《冷冻及高温前后纸张等材料的性能研究》，在华南理工大学实验室完成相关的纸质分析实验。（2）项目组研究人员到省内各地采集标本及现场图像采集；（3）2010 年 12 月份完成项目调查、实验研究、结题等相关工作，申请年底前完成验收。

　　《广东地区纸质文物藏品的老化及保护材料研究》（项目编号：2008B030303033；项目进度：2008 年 10 月 10 日至 2011 年 10 月 10 日）。主要完成以下工作：（1）向省科技厅提交项目执行情况报告；（2）研究人员到韶关、阳江、顺德等处采样、检测，按项目计划完成有关工作。

裁样

抗张实验

耐破实验

色度实验

撕裂度实验

《广东地区纸质文物藏品的老化及保护材料研究》实验

四　研究成果

2010 年发表论文、书籍列表

论文、专业文章、书籍	作者	刊物（名称／期号）、出版社（名称、年月）
广东省博物馆离退休专家著作丛书·广东楹联萃辑	曹腾騑	岭南美术出版社，2010 年 4 月
广东省博物馆离退休专家著作丛书·古陶瓷研究论集	宋良璧	岭南美术出版社，2010 年 4 月
人际称谓与秦汉社会变迁	白　芳	人民出版社，2010 年 6 月
明清广东画史研究	朱万章	岭南美术出版社，2010 年 6 月
广东国画研究会研究	朱万章等主编	岭南美术出版社，2010 年 6 月
居巢　居廉	朱万章	广东人民出版社，2010 年 11 月
张学良政治活动的心理剖析	邓荣元	《张学良口述历史研究》，辽宁人民出版社，2010 年 12 月
"抗先"与广东抗战	邓荣元	《"九一八"研究》第十一辑，吉林文史出版社，2010 年 12 月
谈文物复制品在博物馆中的利用	郭秀媚	《广东文物》，2010 年第 2 期
纸质文物保护技术及环境控制对策	张　欢	《中国文物科学研究》，2010 年第 4 期
中国南海 Burkholderia sp.DA2 菌株降解邻苯二甲酸二甲酯研究	王亚丽	《热带海洋学报》，2010 年第 4 期
"南澳 I 号"百年肉类和水果的保护研究初探	王亚丽	《剑南文学》，2010 年第 10 期
雷州窑彩绘瓷器研究	黄　静	《中国古陶瓷研究》第十六辑，紫禁城出版社，2010 年 10 月
馆藏元青花瓷器选析	黄　静	《文物鉴定与鉴赏》，2010 年第 6 期
梅瓶赏析	黄　静	《收藏与拍卖》，2010 年第 8 期
陈容画龙研究	朱万章	《千年丹青国际学术研讨会》，2010 年 6 月

论文、专业文章、书籍	作者	刊物（名称/期号）、出版社（名称、年月）
齐白石艺术在日本的传播及其他	朱万章	《齐白石国际研讨会论文集》，文化艺术出版社，2010 年版
文化与美术的融合	朱万章	《粤海风》，2010 年 2 期
19 世纪岭南花鸟画风之典范——以居巢为中心	朱万章	《书画艺术》，2010 年 3 期
近代岭南花鸟画翘楚——居廉	朱万章	《书画艺术》，2010 年 4 期
二十世纪画家个案探索的新视野	朱万章	《中国文物报》，2010 年 6 月 25 日
广东国画研究会及艺术风格解读	朱万章	《广东国画研究会研究》，岭南美术出版社，2010 年 6 月
天风七子的艺术传承与画学风格	朱万章	《岭南画派研究文集》，2010 年 6 月
粤东书画鉴藏与青藤白阳	朱万章	《乾坤清气·青藤白阳书画学术研讨会论文集》，2010 年 11 月
禅意、画境与翰墨因缘——佛教题材绘画刍议	朱万章	《荣宝斋》，2010 年 11 期
张大千白描人物画解读	朱万章	《张大千人物画稿》，文物出版社，2010 年 12 月
海云轩书画过眼录	朱万章	《海云轩书画藏珍（初编）》，岭南美术出版社，2010 年 12 月
颜宗研究	朱万章	《粤海艺丛》（第二辑），2010 年 12 月
来自东方的时尚——清市井风情图外销壁纸	白　芳	《中国博物馆》，2010 年第 1 期
浅析王铎行书的线条运行特色及其成因——以《黄鹤楼行书诗轴》为例	成洪燕	《书法丛刊》，2011 年第 1 期
读陈独秀《我对于鲁迅之认识》有感	刘　丹	《上海鲁迅研究》，春季刊
鲁迅寓的白云楼方位再探	刘　丹	《上海鲁迅研究》，夏季刊
"南澳 I 号"工程谱写文物保护三步曲	肖洽龙	《中国社会科学报》，2010 年 6 月 8 日
从"月光宝盒"珍藏看广东民间收藏	肖洽龙	《收藏投资导刊》，2010 年 8 月 10 日
广东历代绘画展图录	朱万章等主编	岭南美术出版社，2010 年
磁州窑与雷州窑瓷器比较与赏析	冯素阁	《中国古陶瓷研究》第十六辑，紫禁城出版社，2010 年 10 月

论文、专业文章、书籍	作者	刊物（名称/期号）、出版社（名称、年月）
博物岭南　南粤一馆	任文岭	《中国文物报》，2010 年 5 月 16 日
读诗管见	王祚庆	《名作欣赏》，2010 年第 1 期
鲁迅小说的创新特点	王祚庆	《上海鲁迅研究》，2010 夏季刊
汉代儒术独尊过程的再探讨	牛晓琰	《北京印刷学院学报》，2010 年 1 月
茶文化与陶瓷茶具	孔粤华	《收藏·拍卖》，2010 第 2 期
小议博物馆与文化多样性	邓小红	《广东民族研究论丛》（第十四辑），2010 年 8 月
广东省民俗学学术论坛综述	肖海明	《神州民俗》，2010 年 11 月
明清时期的文房吉金	林亚兴	《收藏·拍卖》，2010 年 11 月
论当代中国博物馆建筑的表现性趋势——以广东省博物馆新馆建筑方案为例	吴武林	《城市 空间 设计》，2010 年第 2 期
湖山之远，万壑之深——白沙之学观照下的《湖山平远图》与《万壑秋涛卷》	吴武林	《美术学报》，2010 年第 2 期
对广州都市亚文化特性的若干思考	吴武林	《探求》，2010 年第 3 期
湖山·万壑·林塘：垂统与更化传统——颜宗、何浩与林良比较论	吴武林	《文物天地》，2010 年第 4 期
理性、细腻与博物馆之美——台湾博物馆的平民性意识	吴武林	《文物世界》，2010 年第 8 期
古琴与画心	吴武林	《名作欣赏》，2010 年第 8 期

广东省博物馆近年来出版的部分图书资料

广东省博物馆年鉴 2010

数　字　化

一　计算机设备更新

因原有计算机设备使用年限过长，较为陈旧且故障率高，2010 年，广东省博物馆完成了全馆计算机设备的更新，共计办公台式电脑 151 台，工作站 9 台，手提电脑 23 台，移动工作站 12 台，有力地保障了新馆开放各项工作的开展和各部门正常工作的运作。

二　多媒体信息发布系统

完成《广东历史文化陈列》多媒体内容的制作、发布共 15 个；完成《粤山秀水 丰物岭南——广东省自然资源展览》多媒体内容的制作、发布共 20 个；完成 16 台投影机、17 台触摸屏和 20 台液晶显示器等多媒体设备的安装和调试，并已全部投入使用。安装和调试信息发布系统，对馆内所有多媒体展示设备进行实时导播和后台网络化远程集中管理，实现对多媒体显示终端进行播放、关闭控制，按照物理区域、终端、屏幕种类设定不同的包括高清晰视频在内的各类播放内容，实现根据需要进行预先设定的自动程序播放或循环播放、中断播放、重新播放以及实时监控等功能。

多媒体控制系统

三　数字化系统建设

完成大堂 LED 大屏幕显示系统的部署并投入正常使用，主要显示欢迎信息、展馆导引、精品文物、宣传资料、服务项目、滚动信息等。完成网站系统、观众管理系统、文化遗产数字化保管系统、行政办公自动化系统、图书资料管理系统、数字化业务辅助系统、高精度数字化资源管理系统、数字化技术平台等调研工作，确

广播室

定了功能需求和技术需求，以此为基础完成数字化系统建设深化设计，并进入软件的开发阶段。

四　智能化建设

数字化系统

综合布线系统为我馆信息化基础设施之一，是博物馆内计算机网络通信、语音通信、智能建筑管理系统及其它弱电监控系统的通讯传输基础设施，也是博物馆的物理通信链路。2010 年，已经完成综合布线系统并投入正常使用，共有信息点 1556 个，其中语音点 762 个，数据点 764 个，无线 AP 点 108 个，多模光纤点 27 个，单模光纤点 5 个，数据垂直主干采用万兆多模光纤，语音垂直主干采用三类大对数电缆，水平语音、数据部分均采用六类非屏蔽双胶线。该系统基本满足新馆智能信息化任务需求，使得新馆各个子系统形成有机联系，把原来相对独立的资源、功能集合到一个相互关联、协调和统一的完整系统之中。实现语音、数据、视频等不同信号的综合，并规范了相关标准。另外，该系统具有较强的开放性，采用交换以太技术及 100BASE-T 技术，具有较强的容错性和抗灾害性能，具备数据、图像、音频、视频等多媒体应用的服务和传输能力，能方便通过电信运营商提供的接口以多种方式与互联网互联。

建成公共广播系统并投入使用。控制前端设备设于二楼广播室，与消防安保控制中心火灾应急功能对接，是一套以公共广播、背景音乐、火灾事故广播共用的广播系统。共分 40 个区域，该系统可以实现业务性广播、服务性广播、紧急广播，可提供多种音源、多个分区的业务、服务广播，在发生火灾时能够自动转入报警广播状态。各分区扬声器设置声场分布均匀。

建成计算机网络系统并投入使用。该系统是智能化工程的核心组成部分，是通讯系统的基础设施之一，是信息化工程的重要平台。通过双冗余星型万兆主干线路接入计算机网络中心，建立以太网为骨干的大型局域网，设置了高安全性能的网络设备，提供桌面端口的网络连接。通过划分 VLAN，实现各种不同的网络逻辑拓扑结构，实现不同的业务需求。完成防火墙安全设置、用户权限管理、设备终端安装正版杀毒软件等手段解决网络安全问题。该系统的设备主要包括：核心层交换机、接入层交换机、防火墙、VPN 路由器、网络管理、服务器等部分组成。

建成多功能会议系统并投入使用。该系统分为投影显示系统、数字会议系统、同声传译系统、摄像系统、远程视频会议系统、扩声系统、中央控制系统等子系统。其部署的地点有：首层多功能厅、首层学术报告厅、培训室、视听室、贵宾接待室、青少年活动中心、博物馆之友、二楼大厅。该系统把计算机、录像机、电视机、音响、话筒、大屏幕投影、视频展示台等设备集中进行控制，可实现会议讨论、同声传译、演示等多项功能。

完成中心机房建设并投入使用。中心机房包括计算机网络设备主机房、网管操作间，面积共计 160 平方米，其中网络设备主机房面积 110 平方米。设备主机房放置核心层交换机和服务器等网络设备及精密空调、UPS 主机、电池及配电柜等。该机房满足了系统以及工作人员对温度、湿度、洁净度、风速度、电磁场强度、电源供给、防火安全、噪音、照明、空调、振动、防盗、防雷、屏蔽等各方面的要求。

五　新馆网站改版工作

为突出广东省博物馆新馆特色，发挥数字化、网络化和多媒体展示优势，提高与公众的交互性、内容的普及性和版面的生动性，我馆进行了官方网站的改版工作。经过明确的需求调研、框架搭建、程序开发、资料收集、编辑整理和内容发布。网站于 7 月 30 日正式上线。网站系统包括前端页面、后台发布系统，具有数据库支持和全文检索功能，并提供断点续传功能。前端页面一级菜单有概况、展览、鉴赏、学术、教育、服务、活动、数字化；至 12 月底共发布资讯 283 条，媒体宣传信息 85 条，精品鉴赏信息 276 条，论文 66 篇，其他（包括教育、服务）等方面的信息 131 条。从 7 月 30 日至 12 月 24 日止广东省博物馆新馆官网的访问量为 120000 人次，90% 来自国内，2.4% 来自香港，其余访问来自美国、日本、韩国、加拿大、台湾、墨西哥、德国、马来西亚、澳大利亚等地区。在 2010 年 9 月份的中国博物馆行业网站（包括港澳台地区）排名中位列第 13 位。

广东省博物馆年鉴 2010

保 管 工 作

一　藏品工作

广东省博物馆通过考古发掘、调拨、购买、接受捐赠等方式征集了大量珍贵文物。其中，馆藏古字画、古陶瓷的数量和质量在全国博物馆中均名列前茅。端砚、潮州木雕、外销艺术品、出土文物、出水文物等都是优势馆藏。自然标本、化石共4万余件（套），其中"海百合"化石、"鱼龙"化石、"须鲸骨骼"、"巨型孔雀石"和五吨多重的"信宜玉石"等均极其珍贵。

近年来，为配合广东省博物馆新馆的展陈要求，在藏品搜集上，馆文物征集领导小组及其办公室、藏品管理部结合本馆自身性质和特点，有计划地制定藏品征集方案，落实满足新馆展陈需求、填补馆藏空白和突出优势藏品的搜集方针，源源不断地征集有艺术、收藏、陈列和研究价值的文物与标本，同时对新征集的文物妥善保护，极大地提高了广东省博物馆的藏品数量和质量，为丰富新馆展陈奠定了坚实的藏品基础。

今后，广东省博物馆藏品工作将侧重于外销艺术品、民俗文物、自然矿物标本的调查征集工作，同时致力于广东地方物质文化遗产和非物质文化遗产的保护，有针对性地征集相关有形和无形文化遗产，让综合性博物馆和地方文化特色这两个特质成为广东省博物馆品牌形象的亮点。

目前，藏品搜集工作的基本途径有三个方面。一是社会征集。除继续重视从私人藏家和相关单位征集藏品外，广东省博物馆还积极开拓海外市场。近年来，相继从英国、美国、香港等国家和地区的个人和收藏机构征集海外回流文物百余件（套）。二是考古发掘。广东省博物馆和相关考古机构合作，参与考古发掘工作。从

2009 年开始，广东省博物馆和中国文化遗产研究院、广东省文物考古研究所合作打捞"南澳Ⅰ号"，通过科学方法，打捞出水文物，同时按照严格规定准确填写发掘记录，及时对出水文物进行整理和研究。2010 年"南澳Ⅰ号"已出水文物近 2 万件，极大地丰富了广东省博物馆的藏品，也为明代广东海上丝绸之路的研究提供了重要资料。三是标本征集。广东省博物馆在原有文物标本的基础上，采用征集、调拨、捐赠等方式，逐步充实馆藏自然矿物标本，取得了显著成绩。2010 年，广东省博物馆从英国、美国、香港等国家和地区和全国各大拍卖行及私人收藏家处共征集文物 389 件套、自然标本 556 件。至 2010 年底，馆藏文物 167487 件（套），其中一级品 404 件（套），二级品 6503（套），三级品 12110 件（套）。

在积极拓展藏品搜集渠道，丰富馆藏文物展品的同时，广东省博物馆严格遵守国家相关法律法规，在实际工作中坚决贯彻和执行不收集违禁文物和破坏自然环境的有关标本，同时只收集在自身的藏品保护能力和陈列范围之内的文物的方针。

二　库房搬迁

从 2010 年年初至 5 月，广东省博物馆藏品管理部内所有人员均参与了新馆基本陈列的筹备、布展工作，为历史展、艺术展、自然展提供了 3700 多件文物和标本。上述 3700 多件文物和标本，藏品管理部逐件进行拍照，制作档案。此后，藏品管理部又投入到上展文物包装运输工作中去。4 月 10 日至 4 月 30 日，藏品管理部安全高效地完成了上展文物标本的包装运输工作，为新馆按时开馆提供了展品保障。

广东省博物馆领导和藏品管理部人员在文物搬运车辆前合影

新馆展品完成上展后，广东省博物馆根据馆内统一部署，启动库房整体搬迁工作。5 月 26 日~10 月 29 日，完成库房整体搬迁的单一来源采购程序。11 月 15 日，库房整体搬迁项目正式启动，截止 12 月 27 日，16 万余件 / 套文物、标本完成包装工作，期间部门员工加班加点，仅用时 1 个多月即高效完成该项工作，比预计用时节省一半。文物、标本包装完成后，藏品管理部开始组织藏品运输工作，在 2 个多月的时间里，顺利完成馆藏文物标本的搬迁。

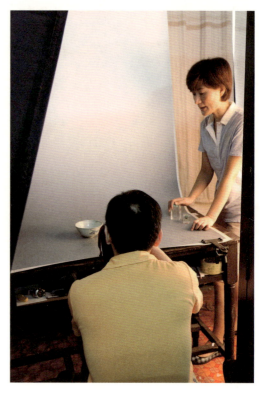

藏品拍摄

三　馆藏珍贵文物数据采集

广东省博物馆馆藏珍贵文物数据采集从新馆开馆伊始即启动，藏品管理部全体人员勇挑重担，全面贯彻落实国家文物局的有关文件精神，以查明馆藏文物基本情况、提高馆藏文物管理水平为基本目标，以调查馆藏珍贵文物资源、采集馆藏珍贵文物信息为基本形式，以数字化的影像采集技术、数据存储技术和网络技术为基本手段，按时按质按量完成了广东省博物馆馆藏珍贵文物数据采集工作。本次珍贵文物数据采集工作共完成所有馆藏二三级文物总计 18580 件 / 套的数据采集，拍摄图片达 10 万张。时值酷暑，藏品管理部工作人员克服困难，挑战极限，精神可嘉。此项工作的完成，对于广东省博物馆的藏品管理数字化建设具有重要的意义。

四　整理海关移交文物

2010 年 9 月 2 日至 10 月 12 日，藏品管理部组织部门力量将已存放于广东省博物馆多年的海关移交文物进

工作人员在整理海关移交文物

行了清洁、清点、分类，并重新制作了电子单。尔后，挑选了7000多件文物入藏广东省博物馆，以补充和丰富馆藏。经过上级主管部门批准，广东省博物馆将其余文物下拨给省内其他文博单位，充实了相关博物馆的藏品，同时提高了上述文物的使用效率。

广东省博物馆年鉴 2010

后 勤 管 理

2010 年，广东省博物馆后勤管理部紧紧围绕新馆开馆、老馆整体搬迁为核心展开工作，为新馆成功开馆和各项业务工作的顺利开展提供了有力保障。后勤管理部与物业公司共同完成新老馆各类设备设施维护管理使用工作，保证了各类设备运转正常，全年未发生安全责任事故；司机班安全行车约 38 万公里，未发生安全责任事故，保证了全馆业务用车；在清洁卫生和绿化布置等工作上，充分发挥物业公司的专业特长，保证了展场的清洁卫生和广东省博物馆周边及室内的环境美化；进行人员与办公用品的搬迁过渡工作，除需要继续在旧馆开展业务的鲁迅纪念馆，其他部门均已搬迁至新馆办公。

一　老馆搬迁工作

搬迁前的准备工作。后勤管理部早在搬迁工作启动之初，就通过市场调研，实地考察等方式，对不同搬迁公司的业务、工作流程等信息进行比较，对搬运行业运作进行预先了解。正是在这个基础上，之后的搬迁工作才得以有条不紊地展开。此外，后勤管理部还购置了大量纸皮、纸箱、打包机、包装带等包装材料，极大地方便了搬迁工作的开展。

办公室分配。该项任务十分繁重和繁琐，办公室分配不仅要了解各部门的需求，还要考虑到办公室的使用功能、配套设施，包括各部门人员总数，新旧办公室面积对比、新分办公室楼层、方位方向、人均面积等等。后勤管理部在馆领导的指导下，在各部门的密切配合下，经过科学、缜密的计算，完成了办公室分配任务。

办公室设施的配套完善。后勤管理部在办公室分配方案确定后，就开始着手完善办公室相关配套设施，确保门窗、地板、天花板、玻璃、水电、通讯、网络、防盗等设施都完好无损，能够正常使用。对于达不到要求或者存在问题的环节，后勤管理部及时与施工单位联系，进行调整或整改。

办公室设备的搬迁。在搬迁一周前，后勤管理部与搬迁公司制订好详细的搬迁计划和方案，和各部门确定搬迁日期，通报搬迁方案，以确保搬迁工作顺利进行。后勤管理部要求搬迁公司严格按照合同执行，还特别进行了以下几个方面的准备工作：一是在正式搬迁之前，后勤管理部和搬迁公司负责人对搬运工人进行纪律教育，再次强调搬迁过程中应注意的细节问题；二是编制物品清单，把搬迁工作细致地落实；三是重视交接工作，以确保搬迁物品万无一失。

此次搬迁工作，持续时间近一年，搬运公司累计搬运各类办公设备及物品共 72 车。搬迁期间，搬运公司还出动搬运工 283 人次（8 小时／人），高质量地完成了老馆各项物品的搬运。

二　后勤保障

广东省博物馆后勤管理部为保障各部门在搬迁后能够正常办公，确保新馆通信畅通，预先与中国电信开展业务合作，并开始了对新购置办公家具的分配和安装。在各部门未到位之前，新办公家具按原定计划搬运到各办公室，并进行安装。此外，还检查各个办公室的门窗、锁等安全设施，根据部门需要，安装、加固相关安全设施。同时负责检查基础设施的情况，如地面是否达到要求、楼层的承重是否达到要求、电梯大小和载重量是否满足需要、变压器的承受负荷、消防设施是否达到安全要求，等等。

广东省博物馆年鉴 2010
教 育 推 广

2010 年，随着广东省博物馆新馆落成开放，各项工作迈上了新的台阶。作为广东省博物馆对外宣传和进行爱国主义教育的主要窗口，教育推广部一直承担了大量的相关工作，并紧紧抓住新馆开馆的契机，提高讲解水平，提升服务质量，扩大宣传推广，取得了不俗的成绩。

广东省博物馆讲解预约处

一　讲解工作

新馆开馆前，教育推广部根据新馆陈列展览情况，以分组形式，集中优秀人才撰写各展览讲解词。讲解词编撰工作完成后，讲解人员根据不同观众群体，在讲解过程中进行灵活处理，赢得了观众的一致好评。

新馆开馆后，为适应新形势需要，教育推广部组织开展了讲解员的招聘、培训和考核工作，共有 20 多名新讲解员补充到了讲解队伍中。为适应新馆发展，探索讲解员管理规范化，教育推广部重新制定了讲解员管理制度，加强了管理力度，确保讲解员队伍的稳定和业务水平的不断提高。

新馆开馆，恰逢第 16 届亚运会和首届亚残运会在广州举行，观众如潮。面对繁重的接待任务，教育推广部顺势而为，将压力转化为动力，圆满地完成了各种讲解任务。截止 12 月 31 日，共讲解 2353 场，其中免费讲解 980 场，收费讲解 1321 场，外语讲解 52 场。此外，为增加讲解深度和内涵，教育推广部邀请馆内专家提供免费讲解，形成每月 1 场专家讲解的制度，受到观众的热烈追捧。

为了满足不同观众的需要，提供多元的导览服务，教育推广部为观众提供了语音导览设备。语音导览内容覆盖了基本陈列的 200 多个讲解点。自 5 月 18 日开馆至年底，语音导览器共出租 6451 次。此外，教育推广部还将语音导览与临时展览结合起来，如在《考古中华——中国社会科学院考古研究所成立 60 周年成果展》中免费提供了三个语种的语音导览服务。

二　宣传推广

广东省博物馆新馆建设是广东建设文化强省的一件大事，是媒体关注的焦点。为做好新馆开馆宣传，教育推广部和媒体广泛合作，进行了一系列密集的新闻宣传工作，宣传工作成效显著。其中，纸质媒体报道约 200 篇。5 月 18 日开馆当天，中央电视台《新闻联播》、《晚间新闻》等节目做了专题报道。广东省电视台从 5 月 17 日下午开始，每小时在整点新闻中播出一次，5 月 18 日开馆当天全天直播。全省各电视台、电台的报道约共 100 条。此外，广东省博物馆还与《南方日报》合作，推出系列报道，并开展广东省博镇馆之宝大众评选活动。媒体报道详情见附录部分的媒体报道索引。

与此同时，教育推广部还完成了新馆开馆宣传册的内容编写、翻译工作，使观众能够及时掌握广东省博物馆展览信息。

三　宣传教育

宣传教育方面，教育推广部组织开展了丰富多彩的活动，覆盖面广。

1. "小小讲解员"活动

教育推广部十分重视青少年活动的组织。2010 年 6 月 1 日，教育推广部推出"活力粤博——小小讲解员招募活动"。活动一经推出便得到青少年和广大家长的积极响应，报名人数逾 400 人。作为新馆开馆后的第一个青少年活动项目，教育推广部集中力量，分组面试，从中挑选出 88 名青少年参加为期一周的培训。经过考核，30 名优秀学员正式成为广东省博物馆的"小小讲解员"。

活力粤博——"小小讲解员"培训班结业典礼

2. 举办"庆国庆·迎亚运——活力粤博拼贴画比赛"

2010 年适逢第 16 届亚运会在广州隆重举行，为加深青少年对体育运动和广州亚运会的认知，教育推广部特别策划了此次活动。该比赛历时一个月，吸引了 100 多位 4 至 12 岁的青少年参与。他们的作品取材丰富、不拘一格，运用画、剪、拼、贴等方法拼贴出了一幅幅构思巧妙、童趣盎然的图画。

"庆国庆·迎亚运——活力粤博拼贴画比赛"颁奖典礼

3. 承办了"我们来了·中国特殊儿童艺术展演计划"活动

紧接亚运会之后，首届亚残运会在爱心之城广州举行。广东省博物馆从关爱残疾儿童的角度出发，与广州市少年宫共同策划了此次活动。活动内容包括残疾儿童绘画展览和特殊儿童工作坊等。新招募的"小小讲解员"为这些小朋友们进行了展览讲解，现场气氛十分活跃、融洽，儿童的天性得以充分显示。

"我们来了·中国特殊儿童艺术展演计划"闭幕式

小小讲解员给观众讲解

《新快报》亚运金版捐赠仪式

4. 国际博物馆日的推广活动

教育推广部为配合 2010 年国际博物馆日，举办了《粤港澳文博工作巡礼》大型图片展，展出了粤港澳三地共约 60 家文博单位的文字图片资料、广东省第三次全国文物普查工作成果，以及广东省流动博物馆工作情况。

5. 服务地方社会

教育推广部将博物馆服务地方社会作为宣传教育工作的重要内容。教育推广部与驻穗部队、学校保持着良好的合作关系，将其视为展览宣传的重点对象。2010 年，广东省博物馆与广东外语外贸大学、广东省公安边防总队广州通信站建立了共建关系，这有助于提高广东省博物馆的影响力和展览传播力。与此同时，教育推广部还邀请了省内十余位专家定期为广州市民免费提供文物鉴定、文物保护及文物法律法规咨询服务，鉴定了陶瓷器、书法绘画、碑帖、玉器、青铜器、金银器、民族民俗文物、近现代史文物、社建类文物等各类文物共 300 余件。

6. 举办各类讲座

为深入挖掘展览内涵，突出展览亮点，教育推广部在展览期间还举办了各种讲座，如：由广东省人民政府文史研究馆史学院院长、广州市政协学文委副主任黄淼章主讲的"史上最牛的古墓——南越王墓"；由中国社会科学院考古研究所所长王巍教授主讲的"从考古发现看中华文明的起源"；由中国社会科学院考古研究所信息中心主任朱乃诚教授主讲的"中华龙：一个传统文化意识的起源与形成"；由中国科学院地球化学研究所研究员倪集众主讲的"石不能言最可人"等讲座，深受观众喜爱。

组织优秀志愿者赴开平等地参观学习

四　志愿者工作

广东省博物馆志愿者工作自 2002 年开始启动，先后共有 2000 多人报名，其中 800 多人参与了志愿服务。他们当中既有在校大学生，也有热心的社会人士，还有像"小小讲解员"这样的儿童志愿者。

在志愿服务岗位上，志愿者们积极学习，大胆实践，体验成功，分享快乐，不仅改善了广东省博物馆工作人员紧张的状况，而且实实在在地将志愿服务精神落实到每一个岗位上。特别值得一提的是，新馆开馆前后，事务繁多，志愿者们牺牲节假日休息时间，和博物馆员工一起投身于紧张忙碌的工作中，全情投入，完美地诠释了"奉献、友爱、互助、进步"的志愿者精神。

2010 年以来，借文化强省建设的东风和新馆开馆契机，广东省博物馆志愿者工作迎来了发展机遇。广东省博物馆志愿者采取分级管理模式，由教育推广部负责统筹和管理，并由从志愿者队伍中选出的队长、组长进行分级管理。志愿者从报名、培训、考核至上岗都有专人负责。新馆开馆后，教育推广部重新编写了志愿者招聘公告，制定了志愿者管理办法，使志愿者工作的开展有章可循，为今后大规模地开展志愿者工作打下了基础。

今后，广东省博物馆将进一步提高志愿者服务水平，在现有的组织结构框架下，成立广东省博物馆志愿者委员会；进一步规范志愿者招募、培训、日常服务管理等内容，扩大社会人员的招聘范围，吸纳更多有志于博物馆服务的人员到志愿者队伍中来；进一步拓展志愿服务的内容，积极组织志愿者参与博物馆教育推广工作，如策划教育活动，进行观众调查，参与巡回展览，编写宣传资料等。广东省博物馆将继续做好教育推广工作，不断提高讲解水平，加大展览宣传推广力度，从多渠道、多方面推进宣传教育工作，为建设"国际先进、国内一流"博物馆目标而努力奋斗。

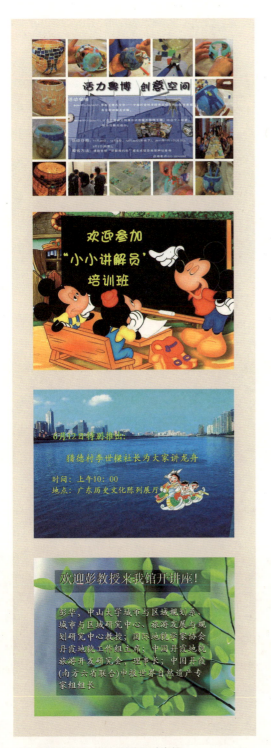

广东省博物馆 2010 年部分活动海报

广东省博物馆年鉴 2010

观 众 接 待

观众在广东省博物馆西广场排队等候入场

　　广东省博物馆历来十分重视观众服务和观众体验。随着公众对精神文化生活需求的提高，博物馆和公众的关系越来越密切。2010 年，新馆接待观众量超过 152 万人。广东省博物馆自新馆开馆以来，备受社会各界关注，为观众提供优质的展览和服务成为全馆上下的共同目标。因此，广东省博物馆坚持把观众的满意度作为检验公众服务成败得失的主要指标。

一　日常管理

1. 票务管理

　　根据国家要求，博物馆应向公众免费开放。广东省博物馆为确保文物安全和参观质量，实行免费不免票的办法，对团体观众实行预约管理，散客按到达时序排队领票入馆，嘉宾、残疾人、老人和孕妇则优先安排入馆

工作人员在接受观众预约参观

参观。具体执行办法如下：

团体预约需提前 3 至 7 天进行电话预约。预约成功后，由团体负责人在预约参观当天的规定时限内前往团体预约处领票，由正门经安检后入馆参观。

散客则凭本人有效证件在二层西南侧飘台票亭领取门票，实行"一人一证一票"的办法，1.4 米以下儿童可免票进场，由正门经安检后入馆参观。

免费参观券每日限额派发 5000 张（含预约团体、散客，不含嘉宾、持博物馆证券招待券观众），如遇特殊情况，适当调整。

2. 咨询服务

新馆二楼大堂设有观众服务中心，工作人员严格按照礼仪规范及岗位职责要求，向观众提供中文、英语和粤语的咨询服务，并设有咨询热线，由专人接听、答复及记录。咨询服务处还受理投诉，并设有观众留言簿，观众可自由地写下投诉、意见或建议。同时，服务处还备有新馆简介、展览展讯等资料，供观众免费索取。

3. 展厅文物保护及观众疏导

为确保展厅内展出的文物、艺术品及其他展品的安全，遵照"安全第一"的原则，公众服务部建立科学合理的展厅值班巡逻制度，做到时时、处处有监督，杜绝安全死角，确保万无一失；制订完善的展厅应急预案，定期模拟演练，确保及时、有效地应对各种突发事件的发生；建立翔实的展品档案，定期核查展品保存状况，确保展厅内展品完好无损。公众服务部要求展场管理人

广东省博物馆咨询服务前台

员熟练掌握展厅内相关设备的操作规程，按照相关规定，定人定时开关设备，发现问题及时汇报，确保设备安全正常运作；在确保文物安全的前提下，保持展厅地面、文物展柜、展版展墙以及其他非文物、艺术品本体部位的清洁卫生；维护展厅秩序，引导观众文明参观。节假日及人流高峰期间，在展厅内增设岗位巡查，引导观众有序参观。

4. 便民服务

广东省博物馆为观众免费提供各种服务

为做好观众接待工作，公众服务部提供免费寄存、租用、广播、医疗等便民服务。2010 年，共计提供免费寄存服务 6646 次（此数据统计时间段为 2010 年 5 月 18 日至 8 月 29 日，为完善便民服务设备，自 2010 年 8 月 25 日起，正式使用电子寄存柜），婴儿车租用 112 次，轮椅租用 87 次；广播室提供寻人广播 1246 次，失物招领广播 478 次；医务室共计接诊处理各类病症 524 次。

5. 展场管理制度建设与完善

由于新馆实行物业管理模式，为能进行科学合理的管理，针对新馆的实际运行情况和物业管理服务中心日常管理操作中遇到的问题，公众服务部制定了《开放时间及观众须知》、《票务管理制度》、《观众存包管理制度》、《贵重物品管理制度》、《储物柜（电子柜）使用说明和要求》、《医务室服务管理制度》、《展场服务岗位规范》以及《岗位明细》等规章制度，不断完善展场的管理制度。

6. 展场管理人员培训

为提高广东省博物馆公众服务质量，树立广东省博物馆公众服务的良好形象，从 2011 年 4 月 19 日至 5 月 17 日，广东省博物馆对所有展场管理人员进行了一系列培训，包括军训、礼仪规范、日常英语、岗位规范和文博基础知识等内容。开放后，每周定期进行文博知识、日常英语和礼仪规范等方面的培训，保证服务质量持续提高。

二　观众接待情况分析

2010 年，新馆自开馆以来向公众免费开放共 194 天，接待观众总量超过 152 万人次，日均观众流量达 7800 人次。观众状况分析如下：

1. 观众数量与结构

观众参观统计表

时　间	特殊群体				预约团体	散　客
	嘉　宾	残　障	老　人	孕　妇		
2010 年 5 月	1501	121	0	0	2221	93958
2010 年 6 月	1090	919	235	35	23959	183215
2010 年 7 月	1259	155	302	43	30085	202161
2010 年 8 月	2080	50	462	97	27806	268156
2010 年 9 月	802	25	150	45	23230	99264
2010 年 10 月	1355	146	4240	231	39705	221874
2010 年 11 月	787	278	5458	82	37548	109074
2010 年 12 月	1417	229	3991	22	44903	102599
合计	10291	1923	14838	555	229457	1280301
	27607					

由上述统计可知,目前博物馆观众仍然以散客为主,占观众总数的 83%,预约参观人数占 15%,特殊群体观众仍在少数,为 2%。

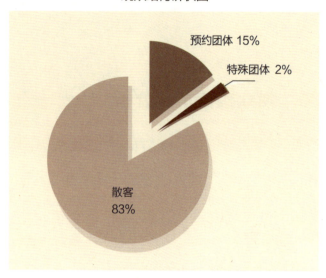

观众结构饼状图

预约团体 15%

特殊团体 2%

散客
83%

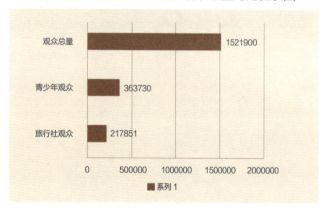

青少年观众和旅行社观众在观众总量对比柱状图

观众总量 1521900

青少年观众 363730

旅行社观众 217851

0　500000　1000000　1500000　2000000

■ 系列 1

2. 典型观众分析

由于现代家庭日益重视对孩子综合素质的培养,参观博物馆成为很多家庭必不可少的亲子活动,尤其在节假日和寒暑假期间,大量青少年观众在家长的陪同下来博物馆参观，"1+2"（1个孩子2个大人陪同）、"n+1"（多个孩子1个大人陪同）、"1+n"（1个孩子多个大人陪同）的参观组合越来越多。青少年观众量约占观众总量的四分之一（见上图）。

随着经济的发展，人们生活水平不断提高，精神文化层面的消费需求逐渐增加，越来越多的旅行社把博物馆作为重要旅游项目进行推广，广东省博物馆新馆也成为广州旅游的新热点之一，旅行社游客占观众总量14%。其中广州周边及珠三角地区的游客约占旅游观众九成，国内其他地区及境外观众比例不足一成，说明短线游游客仍是广东省博物馆观众的主要来源。广东省博物馆在全国范围内的影响力还有提升的空间。

3. 观众人流高峰分析

月 份	月观众量（人次）	日均观众量（人次）
2010 年 5 月	95600	7354
2010 年 6 月	185300	7412
2010 年 7 月	233800	8659
2010 年 8 月	293200	11277
2010 年 9 月	123700	4758
2010 年 10 月	260100	9633
2010 年 11 月	162900	6788
2010 年 12 月	167300	6435
合 计	1521900	7845

开馆之初，由于"开馆效应"明显，观众流量一直维持在日均7000多人。随着暑假到来，七八月份日均观众量直线上升，并在8月份达到峰值，日均观众量超

广东省博物馆 2010 年开放月观众人数柱状图

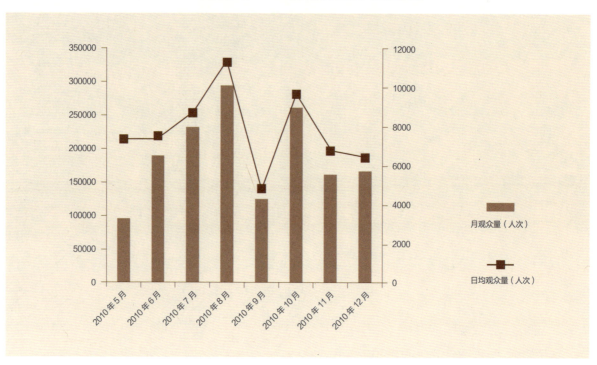

过 1.1 万人次。随着新学期开学，9 月份观众人数急剧下降，日均不足 4800 人次，随后在十月黄金周期间再创高峰，单日最高观众量超过 2 万人次。出于文物保护、观众人身安全和保证参观质量方面的考虑，博物馆加大了观众流量限制的力度，自 11 月份起，观众流量相对稳定，基本控制在合理的水平。根据周统计资料显示，周末和节假日观众量通常会明显增加，周日达到当周峰值，周二及周五观众量则略低于日均水平。日统计资料显示，日间馆内存量观众的高峰出现在两个时段，一是上午十点半前后，旅行社观众占相当比例；另一个高峰出现在下午两点前后，散客量明显增加。

4. 参观目的

广东省博物馆自然、历史、艺术三大基本陈列长年免费开放，展览展线长度超过 4 千米，多数观众即使走马观花式地参观，也需要两三个小时。因此，本地观众多次到博物馆参观者不在少数。

从参观目标展厅的调查显示，约八成以上的亲子组合参观者、珠三角旅行团和本地秋游的学生观众，首选广东省自然资源展厅。本市的不少幼教机构把省博自然展厅作为早教课堂，在展厅内直观生动地开展教学活动。

自然展厅分为七个展馆，调查发现，最受青少年喜欢的是海洋馆和古生物馆，最受成年人喜欢的是宝玉石馆，最受广州及珠三角观众喜欢的是与其日常生活关系密切的中草药馆。

5. 观众需求

新馆开放初期，软件和硬件方面都存在不足，观众服务方面压力很大。其中，博物馆标识系统尚未完善，餐饮等配套服务未能及时到位，观众参观线路不尽合理，纪念品种类较少、休息座椅及卫生间数量不足等问题是观众投诉较为集中的方面。令人欣慰的是，广东省博物馆的便民服务赢得了广大观众的赞誉，内容包括提供免费轮椅服务、婴儿车服务、免费饮用水、针线包、免费存包、紧急医疗救助、广播等。其后，随着标识系统的完善、休息座椅增加、纪念品商场和配套餐饮的开放，在合理控制观众流量的情况下，观众投诉明显减少，满意度逐步提高。

总之，广东省博物馆在 2010 年度肩负新馆开馆压力，成功应对了巨大的参观人流，全方位拓展了观众服务内容，提升了观众服务水平，为今后继续做好观众服务打下了坚实基础。

广东省博物馆年鉴 2010

党 工 青 妇

广东省博物馆全体员工参加"迎亚运登山比赛"

　　2010年，广东省博物馆党务扎实推进，走上新台阶。广东省博物馆积极筹备党组织换届改选工作，根据广东省博物馆新馆发展需要向省文化厅申报成立"中共广东省博物馆委员会"，并得到省文化厅批复同意。广东省博物馆同时开展创优争先活动与廉政风险点排查工作，提高党员干部的整体素质和理论水平。

　　在工会、妇委会、青年团等工作上，加强与上级组织的沟通联系工作，认真贯彻落实组织安排，加强与厅工会、妇委会和厅团委的联系沟通，同时认真贯彻落实

广东省博物馆代表队获"广东省文化强省建设知识竞赛"亚军

上级工会、妇委会和团委下达的各项工作任务。7 至 9
月份认真组织人员参加厅团委组织的"广东文化强省建
设知识竞赛"，并获得亚军；为迎接广州亚运，11 月
份广东省博物馆工会组织本馆与物业公司员工在广州白
云山举行了登山比赛；12 月份承办并积极组织人员参
加省文化厅系统"我为文化强省作贡献"主题演讲比赛。
此外，在今年玉树震区赈灾、"广东扶贫济困日"等，
广东省博物馆干部职工踊跃捐款，发扬"一方有难，八
方支援"的精神和互帮互助的传统美德。

广东省博物馆年鉴 2010

人 事 管 理

2010 年，人力资源部工作内容大致如下：增编申请、机构扩充、部门调整、人员调配、岗位设置、公招组织、待遇落实、职称申报、教育培训、计生管理、老干部工作等。

一　努力申请新馆增加编制

在 2009 年申报升格扩编工作的基础上，再次修改、完善并递交了申请新馆增编、升格和更名的请示和说明，并进一步向上级有关部门反映情况，受到了应有的重视和效果。

二　认真对待机构扩充调整

一是部门调整与更名。广东省博物馆在开馆后正式启用新的部门名称，即办公室、藏品管理部、陈列展示中心、教育推广部、历史部、艺术部、自然部、文物保护修复科技中心、图书资料信息中心、公众服务部、人力资源部、财务部、保卫部、后勤管理部、开发经营部、鲁迅纪念馆，一共 16 个部门。二是根据新馆开馆后的新情况，又进一步参与了设置广东文物保护科技修复中心、广东自然博物馆、广东省博物馆物业管理办公室等新设机构的筹建工作。三是为鲁迅纪念馆的去向归属问题做了相应工作，比较细致地梳理并系统地提出了有关意见和建议并形成报告上报。四是根据省文化厅的指示，经过调研，拟定了《关于广东省博物馆对省文物总店实行全面管理的请示》，确立了本馆受省文化厅委托对省文物总店实行管理的关系。

三　精心制订岗位设置方案

作为当年人事工作的一个重点，从吃透文件精神到摸清实际情况，从分析人员结构到比较岗位职能，从了解各方需求到集中领导意见，深入研究，反复琢磨，最终形成了较为严谨、较为切实的岗位设置方案，得到省有关部门审批。

四　继续拓展招聘人才渠道

广东省博物馆与广州市高校毕业生就业指导中心的互动业务联系为纽带，最大范围、最大限度地发现、吸引、网罗和选拔新馆所需的优秀人才，同时遵循有关公开招聘工作的规定，严格要求，规范操作，接纳报名考生近 200 人，最后按质按量地达到了招聘的预期目标。

五　积极做好其他各项工作

在认真做好上述工作的同时，积极做好每年一度的职称申报受理工作，积极组织常规性的专业技术人员继续教育培训，积极做好迁入新馆后的工作人员调配，积极做好在职人员、离退休人员的工资、补贴等各种待遇的发放与落实，积极参与和组织老干部的各项活动并耐心做好服务及其他相关工作：协助成立了以老干部为主体的广东省博物馆关心下一代工作委员会，协助几位老干部的专著校对、修改、审核及出版；积极做好计划生育工作，保证了各项指标达标；积极做好各项报表统计工作以及人事档案管理工作；积极参与并顺利完成了经警队伍的整编工作；为旧馆过渡到新馆做了有力的铺垫。

广东省博物馆年鉴 2010

安 全 保 卫

一　安全防范工作

1. 日常安全管理工作

观众通过安检有序进入广东省博物馆参观

广东省博物馆作为一级风险单位，历来十分重视日常安全管理工作，将其视为做好各项工作的基本保障。为确保日常安全管理工作万无一失，保卫部门首先合理安排安保岗位，全方位做好安全控制。大楼各出入口及外围均设 24 小时固定值班岗位，监控中心 24 小时全方位监控，楼层安排专人进行安全巡查，切实做到多层控制，全方位防范。为落实岗位责任，加强岗位监督，保卫部组织查夜共 75 次，有效杜绝了夜间岗位睡岗、脱岗等严重违纪违规现象。各中队班队长每天对各岗位不定时巡查 18 次以上，全年检查岗位共 6570 次，及时发现并纠正了违纪违规 32 宗。

其次，严格控制人员、物品、车辆出入。根据博物馆安防的实际需要，制订了《大楼人员、物品、车辆出入管理规定》并切实贯彻落实，所有工作人员及施工人员须凭证出入；来访人员须如实登记；所有重要及大件物品外出须办理物品放行手续，凭《携物出门证》核对放行；所有车辆凭广东省博物馆停车卡出入。全年接待来访、办事人员共 7986 人次，物品外出放行共 309 宗。

再次，维持观众参观秩序。在开放时段，一楼、二楼排队取票处及安检门前用铁马围成人员排队通道，并摆放相关参观安全提示牌，安保人员每天引导参观游客有序排队取票、接受安检和文明参观。观众人流较多时，为保障观众参观质量和文物展品安全，实施分段放行措施。所有观众必须接受安检后方可入馆参观，安检率 100%，全年无一名观众携带违禁物品进入馆内，安检合格率 100%。

在观众参观高峰时期，保卫部制定了《游客参观高峰期应急处理预案》，将团队游客、散客分开排队，按时间分段放行，并每天增加 15 名队员加班维持参观排队秩序，耐心劝导游客遵守秩序，得到了广大观众的理解和积极配合。

2. 施工、布展监管

为配合展览施工和布展，保卫部对施工单位及人员进行严格监管，并制定《施工、布展安全管理方案》，要求各施工单位办理施工审批手续，施工人员凭证进出本馆，佩证施工作业；施工物品凭馆里签发的《携物出门证》核对放行；维护人员不定时对施工现场进行巡查，并督促其保护好施工现场物品，及时清理现场垃圾。

3. 停车场管理

从 2010 年 9 月 10 日起，广东省博物馆停车场正式启用，保卫部根据《广东省博物馆停车场管理方案》和《停车场收费管理规定》，认真落实停车场收费与管理工作，对月卡车辆、临保车辆和免费车辆进行分类出入管理，截止 12 月 15 日，车场共停放车辆 24927 车次，其中月卡车辆 1904 车次、临保车辆 22197 车次、免费车辆 270 车次。管理工作细致到位，服务品质广受好评。

二　消防工作

1. 消防管理

广东省博物馆要求安全保卫部门定期进行防火检查，每月、重要节假日前联合各部门对馆内进行消防安全大检查，及时发现并跟进整改各类消防安全隐患。全年防火巡查共 365 次，消防安全大检查共 19 次，发现并整改消防隐患 35 宗。与此同时，积极对馆内消防器材进行全面检查及保养维护，每月检查消火栓 259 个，干粉灭火器 510 个，水基灭火器 510 个，手推式干粉灭火器 25 个，手推式二氧化碳灭火器 6 个，合格率均为 95% 以上。为坚决杜绝火灾事故的发生，广东省博物馆还制订了《广东省博物馆消防安全管理规定》，成立了消防安全领导小组，明确了防火责任人及职责，落实了各级防火责任。

2. 消防演练

广东省博物馆组建了义务消防队，制定了《消防应急预案》，并定期组织本馆全体工作人员进行消防演练。2010 年 9 月 29 日，广东省博物馆组织全体工作人员及物业公司全体员工进行了一次大规模消防演习，还特别邀请了珠江西消防中队参与演习。演习过程中，珠江西消防中队共出动了 2 台消防车，燃烧了 3 只烟雾弹，动用了 6 支水枪、2 瓶灭火器。此次演习非常成功，受到珠江西消防中队指导员的好评。

广东省博物馆全体员工进行消防演练

3. 防火宣传与培训

广东省博物馆积极开展防火宣传，普及消防常识，

肖洽龙馆长在消防演习后作总结发言

为提高工作人员及观众消防意识，定期传达消防相关文件精神并发文到各部门强调防火工作的重要性和注意事项，并在本馆各主要出入口张贴消防宣传画。

为提高全馆员工自防自救能力，2010 年组织了 24 次消防技能培训，参加人数 2480 人次，主要培训了"防火、逃生自救常识，灭火器使用，消防水带连接，消防设备设施、器材的辨认及使用功能介绍，消防法及消防相关管理制度等内容。"培训合格率达 99% 以上。与此同时，广东省博物馆还邀请珠江东消防中队负责人为员工进行了专业的消防知识培训，参加人数共 380 人，培训效果良好。此外，广东省博物馆还与珠江东消防中队结成共建单位，加强业务联系。

三　安保工作

自 2010 年 5 月 18 日开馆以来，各级领导和贵宾纷纷来馆参观指导。2010 年，广东省博物馆共接待重要领导和贵宾 47 批次。2010 年适逢第 16 届亚运会和首届亚残运会在广州举行，其中还要配合出席亚运会的各国政要和嘉宾来馆参观，因此安保工作任务异常繁重。

为此，保卫部制定了《亚运安全防范方案》、《"亚运期间"应急处理预案》，成立了应急领导小组及各应急分队，并明确职责，以保证迅速较好地处理各类突发事件。同时，还深入进行防火检查，切实整改火灾隐患。保卫部特别加强了对人员、车辆、物品的出入管理，并对安保工作岗位设置进行了合理调整，增设了外围电子巡更岗位，排队取票秩序维护岗位及团队通道安检岗位。

广东省博物馆年鉴 2010

基 建 工 程

一 新馆基建

广东省博物馆新馆是广东省建设文化大省三大文化设施之一。新馆占地面积41027平方米，总建筑面积约66980平方米。建筑总高度为44.5米，地下1层，地上5层。位于广州市核心商务区珠江新城中心区南部，濒临珠江，与广州大剧院、广州市图书馆、广州市第二少年宫共同形成广州文化艺术广场。

广东省博物馆新馆工程由广东省文化厅主管。2004年9月广东省博物馆新馆工程建设指挥部成立，成员主要由省博物馆领导和相关专业人员组成，具体负责工程的管理、组织和实施。针对博物馆建筑使用功能复杂、涉及专业众多、设备技术先进、施工工艺新颖等实际情况，新馆建设工程指挥部不断完善管理模式，持续提高管理水平，积极实现管理与技术创新。自2005年6月正式开工以来，在广东省委、省政府领导的亲切关怀和省文化厅的正确领导及有关部门的大力支持下，省博物馆新馆建设工程于2010年5月25日正式通过综合验收、于2010年7月6日通过广州市消防局消防验收，全面实现了建筑工程质量、安全、造价控制、进度等各项预定建设目标。

广东省博物馆新馆工程按照"国际先进、国内一流"的标准建设，在建筑设计、施工技术、工程管理等方面都实现了众多创新，开创了博物馆建设的新思路、新做法。

1. 建筑设计理念领先

在设计理念上，香港许李严建筑师有限公司从中国传统文化中汲取富有表现力的符号和肌理，设计出造型

文化部杨志今副部长视察广东省博物馆新馆建设工程

广东省文化厅厅长方健宏一行到广东省博物馆新馆建设工地调研

5月12日，省委常委、宣传部长林雄视察广东省博物馆新馆开馆准备情况

独特，形象新颖，寓意"绿色飘带上盛满珍宝的容器"的建筑样式，实现了传统与现代的和谐统一，突出了环保意识（绿色飘带）、功能需求（容器）和博物馆厚重的文化气质（盛满珍宝），具有鲜明的文化内涵和地方特色。

新馆采用极富创造性的巨型钢桁架悬吊结构体系，类似的大型建筑结构只有香港汇丰银行、德国宝马汽车大厦等少数几个境外案例，境内尚无先例。新馆悬吊跨度位居当时房屋建筑工程的世界第一，设计中还创新性地在钢桁架内应用了预应力技术。悬吊结构的应用，通过钢桁架向外悬吊 23 米展厅，营造出富于想象力的室内空间形象，使展厅空间无柱、层高多变，以满足各类不同展览的空间需求。

新馆结构设计创新较多，共获得四项国家发明专利。新馆采用内置钢管混凝土剪力墙，实现了施工阶段和使用阶段结构体系的转换，创造性地提出施工阶段与使用阶段结构体系整体转换的施工方法，并获得国家发明专利。另外，后浇式变形装置及其施工方法、减震墙及其施工方法和适用于悬挂式建筑结构中的自减震水池及其安装方法等三项施工方法也获得国家发明专利。

通过对安防、建筑设备管理、计算机网络及数字化应用等系统的精心设计，使新馆的智能化技术应用达到国际先进水平。

新馆安全防范系统按照整体纵深防护的指导思想进行设计，综合设置入侵报警、视频安防监控、出入口控制、停车场管理等系统，尤其是首次在国内的博物馆实现了对所有子系统的集成管理，达到全国领先。

2010 年 5 月，广东省博物馆新馆设计荣获"香港建筑师学会 2009 年度境外设计大奖"

展厅层高、无柱的特点可满足不同展览需要

建筑设备管理系统对新馆内电力、照明、制冷系统、空调通风系统、给排水系统、电梯、环境质量等进行自动监测或控制，一方面使设备运行于最佳工况、并按需运行，节约能源；另一方面提高设备的管理效率，减少管理维护人员，实现自动、精确的调节控制，创造清洁、舒适、宜人的环境。

广东省博物馆贵宾室

多功能演讲厅、学术交流报告厅、贵宾室、培训室和青少年活动中心等公众服务设施根据不同的使用需求设置不同档次及标准的音视频系统，为公众提供丰富的信息服务平台。

信息系统以综合布线系统和计算机网络系统为基础，搭建起以 IP 应用为基础的多业务综合平台，系统设计以实现藏品数字化、知识信息共享化、展陈科技化、管理业务自动化、服务人性化的数字博物馆为最终目标，在网络平台上集成的应用包括：数据传输、数据库查询、WEB 应用、视频会议、视频点播和 VoIP 等多媒体应用。

综合布线系统采用万兆光纤主干、六类水平布线，计算机网络系统核心层采用 2 台万兆交换机，双核心冗余备份，接入层交换机采用 10/100/1000M 到桌面，无线网络覆盖全馆所有公共区域及展厅，构筑起先进的信息系统平台，为未来数字博物馆建设奠定坚实的技术基础。

数字化应用系统包括博物馆公共信息服务系统、文化遗产数字化保管系统、行政办公自动化系统、数字化业务辅助系统、博物馆网站系统等，结合省博物馆的藏品情况、业务流程和管理模式，使数字化技术成为博物馆日常工具。

室外园林设计（"绿色飘带"）应用绿色环保理念，

既具有个性，又与珠江新城核心区花城广场融为一体；草坡下采用架空层设计，既满足结构安全性要求，又减少施工土方量，提高了土地利用率。

2. 施工技术不断创新

施工技术创新体现在以下几个方面：

一是钢结构施工方面。新馆钢结构采用了钢桁架高空拼装、累积滑移的技术方案，其中，滑移部分用钢量8700吨、整体滑移距离近130米、滑移施工高度37米三项技术指标均为世界第一。由于钢结构施工存在滑移支撑架的设置和稳定性控制、滑移过程结构的整体受力及变形控制等重点和难点，为解决这些技术难题，新馆工程采用计算机控制等标高液压同步滑移技术，并进行详细的结构变形控制仿真分析，实现了技术创新。

二是土建施工方面。施工单位研发了多项创新技术成果。高大柔结构中节能墙板施工技术攻克了超高问题（施工高度达16.5米）和墙板连接节点的抵抗变形问题，实现工艺技术创新，被评为2009年度国家级工法。在超流态自密实混凝土施工技术中，有效解决了水平构件内部结构复杂、灌注孔设置难度大等施工难题，被评为广东省省级工法。另有钢筋桁架式压型钢板复合混凝土组合楼板施工工法也被评为广东省省级工法。

三是幕墙施工方面。全方位（室外天棚—外立面—屋顶）连续双色铝板幕墙工艺，在国内尚属首例。

四是设备安装方面。采用了新型玻镁复合风管，既满足建筑节能要求，又最大限度地确保工程质量。

五是节能环保技术方面。泡沫砼外墙、复合钢筋砼楼面首开国内大体量建筑外墙、楼板面节能材料运用之先河。

3. 工程管理步步推进

工程管理方面，在决策机制、同步预防职务犯罪、人才培养等各项工作均有新举措。一是建立、完善工程管理科学决策机制，全方位引进专家和中介服务机构(包括法律、造价、监理)，确保决策的专业、科学、高效。二是预防职务犯罪关口前移，创新性地与广州市天河区检察院开展同步预防职务犯罪共建活动，对廉政工作进行全程监控，确保"工程优质、干部优秀"。三是在确保工程质量、安全、进度的同时，狠抓造价控制管理，确保资金使用效益。新馆在监理、造价咨询等中介服务单位的配合下，关口前移，严格实施工程限额设计，并在招标最高限价设置、合同谈判、现场管理以及总体调配等后续环节把好关口，确保工程总造价可控。

2010 年 5 月 18 日，广东省博物馆新馆隆重开馆，获得各级领导、中外专家和广大观众的一致好评。国家文物局局长单霁翔称之为"中国博物馆建设的里程碑"。国内外博物馆界同行中国国家博物馆、越南国家博物馆、云南省博物馆、贵州省博物馆、安徽省博物馆、山东省博物馆、辽宁省博物馆和黑龙江省博物馆等兄弟单位纷纷前来参观、考察。

新馆工程受到新闻媒体的广泛关注和及时报道。中央、省、市各新闻媒体对新馆工程进行了大量的集中报道，中央电视台专门现场直播新馆开馆典礼，香港媒体和纽约时报等海外媒体也对新馆情况进行了报道，使新馆工程获得较高的知名度和美誉度。

二 国民党"一大"旧址加固

国民党"一大"旧址位于广州市文明路，原为清代举行乡试的贡院，现仅存钟楼、明远楼和龙虎墙。钟楼建于清光绪三十一年（1905年），因楼顶设立四面时钟而得名，坐北朝南，为一座仿西欧古典式砖木结构建筑。

1924年1月20日至30日，孙中山在钟楼礼堂主持召开了中国国民党第一次全国代表大会。国民党一大的召开标志着第一次国共合作的确立和反帝反封建革命统一战线的建立。1927年，鲁迅先生在中山大学任教时曾在钟楼居住。1957年，钟楼辟为鲁迅纪念馆，隶属于广东省博物馆。1984年，钟楼礼堂按国民党"一大"召开时的原貌复原。1988年，国民党"一大"旧址被国务院公布为第三批全国重点文物保护单位。

时至今日，钟楼历经百余年的风雨洗礼，又因受到附近基建工程的影响，当初的砖木结构出现了变形的现象。为了保护钟楼，广东省博物馆组织召开了古建筑修复的专家咨询会，并根据有关专家的建议就钟楼的倾斜与墙面开裂的情况先对地面建筑进行加固，然后进行该建筑的地基加固工作。广东省博物馆委托广州大学建筑设计研究院制定了临时加固方案，并着手开展维修工程招标工作。同时，定期对钟楼进行监查，并把监查情况记录在案，以便及时处理。

三 广东省文物保护科技中心筹建工作

2010年8月，根据省委十届七次全会精神和《广东省建设文化强省规划纲要（2011-2020年）》工作要点及 2010 年 8 月 17 日省文化厅召开的文化事业"十二五"规划纲要重大项目工作会议要求，为加强重点文物保护利用，拟在广东省博物馆新馆建立广东文物保护科技中心。

《广东文物保护科技中心项目建议书》

9 月，按照上级要求，广东省博物馆成立了"广东文物保护科技中心筹建工作领导小组"。馆领导和领导小组成员通过深入调研和比选，广东文物保护科技中心项目拟选址在广东省博物馆新馆现有区域内，并与广东省国际工程咨询公司签订了委托协议，委托其编制《广东文物保护科技中心项目建议书》，已报省文化厅转呈省发改委审批。该项目仍处于立项前的论证阶段。

即便如此，广东省博物馆文物保护修复科技中心（下称"文保中心"）已开展了大量的工作，主要体现在以下几个方面。

1. 文物藏品保护修复

在文物藏品保护修复方面，文保中心承担了大量馆藏文物藏品的保护修复方案设计和实施工作，如吴六奇墓出土陶器的保护修复，流动博物馆佛山木刻年画、龙门农民画、湛江版画等藏品的保护修复。同时，承担了多项其他文博单位委托的保护修复方案设计和施工项目。详细修复情况见附件部分馆内、馆外藏品修复清单。

2. 藏品保存环境控制

2010 年，为有效地对文物采取预防性保护，文物保护修复科技中心负责采用光触媒多次对展厅、库房及办公环境进行有害气体净化，最终使文物保存环境的有害气体含量控制在文物保存所需要的环境标准之内。新

工作人员正在修复屏风

文物入库

文物浸泡脱盐

馆开馆后，在各个展厅安放温湿度计对展陈环境进行检测，及时地反馈温湿度数据，有效地控制展陈环境。2010 年 12 月利用公司的试用设备在库房安装临时无线监控设备，实时监测库房的温湿度，保证文物的安全。

3. "南澳 I 号"出水文物保护工作

2010 年 4 月 4 日，"南澳 I 号"抢救性打捞工作重新开始启动，4 月底国家水下文化遗产保护中心的水下考古队员加入到"南澳 I 号"抢救性打捞工作。6 月 8 日，中国文化遗产研究院、广东省文物局在广州正式签署了"南澳 I 号"项目合作协议，共同承担"南澳 I 号"沉船的发掘、保护工作。文保中心负责现场的出水文物保护工作。

2010 年 7 月 20 日，"南澳 I 号"抢救打捞工作告一段落，随后第一期出水文物运回广东省博物馆新馆的库房保存处理。"南澳 I 号"水下抢救性打捞工作中共出水各类文物 1 万多件，其中瓷器 9700 多件，陶器 130 多件，金属器 100 多件（不含铜钱）。出水瓷器中盘类约占 44%，碗类约占 34%，瓷罐约占 9%，杯、碟、盒类共占约 9%。

"南澳 I 号"出水文物运回广东省博物馆后，文保中心在对南澳水质环境及文物样品进行检测分析的基础上，先对 300 多件脆弱文物开展了脱盐保护工作，截至 2010 年年底，该批文物的脱盐工作已全部完成。随后依据文物材质，分别对陶瓷、金属、木质文物开展表面沉积物清除、缓蚀、防腐等尝试性保护工作。

广东省博物馆年鉴 2010

开 发 经 营

2010年，广东省博物馆在开发经营方面，稳扎稳打，立足创新，强化品牌经营意识，积极开展各项经营开发业务，在实现和提升博物馆社会效益的同时兼顾经济效益的增长。自5月份开馆到年底，共实现创收70万元。

一是确保质量，打造品牌，完善新馆餐饮、纪念品等服务项目。

针对新馆开馆后餐饮服务设施欠缺的实际情况，适时引入广州酒家等品牌企业提供快餐服务，并引进饮料自动售卖设施，确保新馆餐饮服务的食品安全、配套完善。

为观众提供的配套餐饮服务

在此基础之上，开发经营部精心设计和筹备，确保了广东省博物馆自营的纪念品商店顺利开业。纪念品商店位于中央大厅，被命名为"宝和轩"，面积约60平方米，除了经营新馆开馆纪念品和本馆书籍之外，还与广东省文物总店、文物出版社、亚运纪念品生产商等合作，丰富和充实店内商品内容，满足观众需求。

贵宾在"宝和轩"饶有兴趣观赏广东省博物馆开发的纪念品

二是引入高端品牌，统筹场地经营，构建高端经营服务体系。目前广东省博物馆已引入石湾美陶、学而优书店等知名商家提供艺术品、书籍等服务，提升广东省博物馆的品牌形象。

三是强化服务意识，密切部门协作，做好场地租赁的相关服务工作。新馆开馆后，开发经营部迅速制定了中央大堂、多功能厅、学术报告厅、贵宾室、临时展厅等场地租赁收费标准，并根据市场反应情况，在试行3个月后作出了调整。开馆7个多月以来，先后承办或协办了世界旅游组织高峰论坛、广州讲坛、珠三角规划纲要群众论坛、宝马汽车3D投影、轩尼诗酒会等大中型活动，在提升广东省博物馆社会形象的同时获得了一定的经济收益。其中，宝马汽车文化公益3D投影活动利用新馆建筑外墙作投影屏，内容动感，场面宏大，在国

广东省博物馆新馆开馆暨建馆五十周
年纪念邮册

以广东省博物馆新馆为原型开发的端砚

内尚属首创；轩尼诗酒会在新馆中央大厅的顺利举办，是广东省博物馆参与时尚活动的新尝试。

四是立足实际，拓宽思路，积极开拓经营服务项目。体现在门票广告、创新纪念品开发模式和开展高端服务项目三个方面。在门票广告方面，开发经营部尝试在免费门票中植入广告。这是适应免费开放新形势，实现经费筹措机制的创新。广东省博物馆在策划并公布门票广告冠名权年度拍卖预告之后，又适时将活动内容梳理、更名为年度战略合作权拍卖，并引入利益激励机制，延请专业的公关公司、广告公司提供中介服务。在创新纪念品开发模式方面，在无纪念品开发资金和缺乏经营经验的情况下，广东省博物馆与广州邮政等签订了框架性合作协议，由对方投资、设计、制作纪念品，而广东省博物馆负责市场销售。在高端服务项目方面，广东省博物馆与中国农业银行广东分行私人银行部开展高端服务项目，提供专家讲解、文物鉴赏、知识讲座等贵宾服务。广东省博物馆还推出了专门的贵宾接待服务，实施了中国人寿高端客户贵宾接待项目。

博物馆是一个民族或地区集中收藏、研究、展示自己历史文化遗产的场所。随着免费开放工作的逐步深入，博物馆管理运行中的一些问题和深层次矛盾也日益凸显出来，譬如机制改革迫在眉睫、经费保障机制尚待健全、博物馆体系急需优化、陈列展示和服务质量亟待提升，以及文化产品难以满足观众需求等。在展示、传承文化的同时，博物馆应如何挖掘自身潜能，以更高效的运营和更吸引人的文化产品改善其生存和发展环境，是博物馆界共同面临的课题。博物馆经营是当前博物馆界一个重点和难点问题，如何发挥自身优势服务社会，推动博物馆文化产业向着健康可持续方向发展，是每个文博人都要面对的一大挑战。广东省博物馆将秉持非营利的机构属性，继续开拓创新广东省博物馆的文化产业工作。

广东省博物馆年鉴 2010

附　录

一　广东省博物馆 2010 年大事记

1 月 28 日　广东省文化厅发出粤文任免〔2010〕4 号《关于肖海明同志职务聘任的通知》，聘任肖海明同志为广东省博物馆副馆长。

1 月　　　莫鹏副馆长率领文物征集小组在香港征集到 18 世纪西方人物风景外销玻璃镜画一件，该件玻璃画尺幅大、画工精、品相好，是 18、19 世纪中西文化交流的历史见证，填补了广东省博物馆该方面的收藏空白。

2 月 8 日　广东省文化厅厅长方健宏、副巡视员苏桂芬等到省博物馆新馆工地进行专题调研，就新馆建设工作做出重要指示。省博物馆馆长肖洽龙，副馆长莫鹏、颜禾生、阮华端、肖海明等接待。

3 月 30 日　广东省文化厅厅长方健宏、副巡视员苏桂芬等到省博物馆新馆工地，就新馆工程建设、基本陈列与开馆筹备等事宜进行调研。省博物馆馆长肖洽龙，副馆长莫鹏、颜禾生、阮华端、肖海明等接待。

4 月 7 日　广东省文化厅发出粤文任免〔2010〕13 号《关于广东省博物馆领导班子成员聘任的通知》，聘任肖洽龙同志为广东省博物馆馆长，聘任莫鹏、阮华端、肖海明同志为副馆长，聘任陈邵峰、吴武林同志为馆长助理。

4 月 10 日至 30 日　为完成新馆筹展任务、向市民群众献上高品质的展览，广东省博物馆工作人员加班加点，安全高效地完成了 3700 件 / 套上展文物与标本的包装运输工作。

4 月 23 日　由香港许李严建筑师有限公司设计的广东省博物馆新馆项目荣获 2009 年度"香港建筑师学会全年境外设计大奖"，广东省博物馆馆长肖洽龙等参加颁奖典礼。

4 月 29 日　广东省文化厅举办"2010 年国际博物馆日中国主会场启动暨广东省博物馆新馆开馆仪式"新闻发布会。发布会由省文化厅纪检组长、监察专员严建强主持，省文化厅副巡视员苏桂芬、省博物馆馆长肖洽龙等参加。

4 月　　　广东省博物馆离退休专家著作丛书——曹腾騑《广东楹联萃辑》、宋良璧《古陶瓷研究论集》正式出版。

5月12日　广东省委常委、宣传部部长林雄在省文化厅厅长方健宏等陪同下视察广东省博物馆新馆，检查指导新馆开馆筹备工作。馆长肖洽龙，副馆长莫鹏、阮华端、肖海明等接待。

5月15日　中共中央政治局常委李长春专门到馆检查指导，对广东省博物馆新馆建设工作给予充分肯定。中共中央政治局委员、广东省委书记汪洋、广东省省长黄华华、文化部部长蔡武、国家文物局局长单霁翔等陪同。

5月17日　"国际博物馆协会2010年大会筹备工作协调会议"在广东省博物馆新馆一楼学术报告厅举行，国家文物局副局长宋新潮、中国博物馆学会理事长张柏、国际博协总干事朱利安等参加会议。

5月18日　"2010年国际博物馆日中国主会场活动启动暨广东省博物馆新馆开馆仪式"在广东省博物馆新馆举行。中共中央政治局委员、广东省委书记汪洋出席并宣布活动启动暨新馆开馆。国家文物局局长单霁翔，国际博物馆协会总干事朱利安，广东省委常委、宣传部部长林雄，国际博物馆协会中国国家委员会主席、中国博物馆学会理事长张柏，广东省文化厅厅长方健宏出席仪式并先后讲话。广东省副省长雷于蓝主持仪式。

5月18日至19日　由中国博物馆学会、广东省文化厅主办，广东省文物局、广东省博物馆承办的"走近ICOM大会·广州国际博物馆高峰论坛"在广东省博物馆新馆一楼多功能厅举行。

5月24日　文化部副部长王文章在广东省文化厅厅长方健宏、副厅长景李虎、副巡视员苏桂芬等陪同下到广东省博物馆新馆视察，先后参观书画、端砚、木雕、陶瓷等展厅，对广东省博物馆新馆设施和运作情况给予了充分肯定。

5月25日　广东省博物馆新馆建筑工程综合验收会在新馆举行，会议认为广东省博物馆新馆工程施工质量总体较好，与会人员一致同意通过工程竣工验收。

5月31日　广东省博物馆举行专场开放日，邀请新馆工程参建单位和各兄弟文博单位人员参观新馆，当天共30多个单位1500人次参观。

6月1日　广东省博物馆推出"活力粤博——小小讲解员"招募活动。

6月12日　经国务院批准，广东省博物馆馆藏明嘉靖十八年王德溢、吴鹏刻本《杜氏通典二百卷》入选第三批《国家珍贵古籍名录》（编号08092）。

6月26日　由广州市委宣传部、广州日报社主办的广州讲坛第66期在广东省博物馆新馆多功能厅举行，从本期开始广州讲坛正式移师广东省博物馆举办。

7月6日　广东省文化厅厅长方健宏、副巡视员苏桂芬等到馆调研，就新馆开馆工作情况进行座谈。省博物馆馆长肖洽龙，副馆长莫鹏、阮华端、肖海明等参加座谈。

7月8日至8月25日　在广东省博物馆旧馆库房保藏条件和工作条件较差的情况下，工作人员克服天气酷热、空间逼仄、保证文物安全等多方面挑战，加班加点，仅用50多天时间便安全、高效完成了馆藏所有二三级文物（共18580件／套）的数据采集工作，拍摄文物图片达10万余张。

8月2日　由广东省政协主办，广东省文化厅、广东省文联、广州市委宣传部、广州市文化局协办的《广东历代绘画展》在广东省博物馆新馆隆重开幕。中共中央政治局委员、省委书记汪洋出席并宣布展览开幕，省委副书记、省长黄华华讲话，省政协主席黄龙云主持开幕式。全国政协港澳台侨委员会副主任、广东历代绘画展览组委会主任蔡东士，广东省副省长雷于蓝，广东省政协副主席梁国聚、汤炳权、温兰子等领导与嘉宾出席展览开幕式。展览展至10月8日。

8月12日　由广东省博物馆、漠阳书画院联合主办的《陈略中国人物画展》在广东省博物馆新馆开幕。展览展至9月3日。

8月23日　为贯彻学习省委十届七次全会精神，广东省博物馆全体干部职工在新馆学术报告厅举行全体干部职工大会。馆长肖洽龙，副馆长阮华端、肖海明以及全馆干部职工参加，会议由副馆长莫鹏主持。

9月2日至10月12日　广东省博物馆工作人员整理了积压十一年的海关移交文物，对1999年广州海关、2002年珠海海关、2001至2005年深圳海关移交来的所有文物重新做电子单，并且挑选了7000多件入藏广东省博物馆，该项工作仅用了23个工作日。

9月16日　"轩尼诗·李察酒会臻致品鉴会"在广东省博物馆新馆中央大厅举行，广州交响乐团在著名指挥家张艺率领下演奏了《小夜曲》、《春天奏鸣曲》、《西西里舞曲》等曲目。

9月27日　由世界旅游组织、国家旅游局、广东省人民政府联合主办的"旅游、生物多样性和可持续发展"高峰对话在广东省博物馆新馆一楼多功能厅隆重举行。此次高峰对话是2010世界旅游日全球主会场庆典暨中国广东国际旅游文化节的重要活动之一，国家旅游局局长邵琪伟、广东省省长黄华华、世界旅游组织秘书长塔勒布·瑞法依、世界旅游业理事会主席兼首席执行官让克洛德·鲍姆加滕等海内外领导嘉宾、知名专家学者约 500 人参加。

9月29日 广东省博物馆与珠江西消防中队联合举行新馆义务消防队第一次大型消防演练，肖洽龙馆长担任演练总指挥，参加总人数达 400 人。

10月12日 由广东省博物馆与澳大利亚驻广州总领事馆联合主办的《澳大利亚当代原住民艺术展》在广东省博物馆展出，展览展至 10 月 22 日。

10月13日至14日 由广东省文化厅主办，广东省博物馆与广东海上丝绸之路博物馆承办的《粤海寻珍——"南海 I 号"出水文物精品展》，于 2010 年 10 月 13~14 日在广州大剧院展出。

10月19日 由政协广东省委员会办公厅、广东中华民族文化促进会主办，广东省博物馆承办的《<杨应彬诗词>书画作品展》在广东省博物馆展出。展览展至 10 月 23 日。

10月28日 由广东省博物馆与广东陆军预备役高射炮兵师政治部联合主办的《迷彩丹青颂南粤——广东预备役师画院作品展》在广东省博物馆展出。展览展至 11 月 13 日。

11月7日至13日 广东省博物馆馆长肖洽龙，副馆长莫鹏、阮华端赴上海参加"国际博物馆协会第 22 届大会暨第 25 次全体会议"。

11月8日 由广东省博物馆与中国社会科学院考古研究所联合举办的《考古中华——中国社会科学院考古研究所 60 年成果展》在广东省博物馆开幕，广东省文化厅厅长方健宏、中国社会科学院考古研究所所长王巍等出席展览开幕式。该展览是广东省博物馆自 2008 年免费开放以来举办的第一个收费临展，展至 2011 年 2 月 27 日。

11月11日 由广州画院举办的《广州画院年度作品展》在广东省博物馆开幕，展览展全 18 日。

同日 省文化厅发出粤文人〔2010〕163 号《关于委托广东省博物馆全面管理广东省文物总店的通知》，决定委托广东省博物馆全面管理转制后的广东省文物总店。

11月13日 由广州亚组委与广州美术学院共同主办的《我们·亚运——第 16 届亚运会整体视觉设计研究中心主题设计展》在广东省博物馆开幕，该展览展至 12 月 6 日。

11月13日　由亚组委、中国美协共同举办的《〈激情盛会·翰墨流芳〉全国画展》在广东省博物馆展出，展览展至11月15日。

11月15日至2011年1月22日　广东省博物馆安全、高效、圆满完成馆藏16万多件／套文物、自然标本的包装运输工作，整个藏品库房搬迁工作仅耗时2个多月。

11月22日　由广东省博物馆与北京蓝深时代公关顾问有限责任公司联合主办的《TCL互动艺术展——活的世界经典艺术》在广东省博物馆展出，展至2011年1月22日。

11月25日　由广东省博物馆与佛山啸风堂艺廊联合举办的《刘藕生书画艺术展》在广东省博物馆开幕，广东省副省长雷于蓝、省文化厅副厅长景李虎等出席，展期一个月。

11月30日　在广州日报和广州市档案局联合举办的"传承广州文化的100双手"活动中，广东省博物馆副馆长莫鹏被评为"能手"之一。

莫鹏副馆长代表获奖"能手"发言

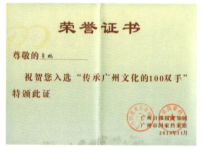

荣誉证书

12月10日至20日　由广州亚残会组委会主办，广东省博物馆、广州市第二少年宫承办的"'迎亚残展自强，一起来更精彩'特殊孩子艺术创作展演"在广东省博物馆举行。

12月14日至16日　由广东省文物博物馆学会与河源文化广电新闻出版局主办，广东省博物馆与河源市博物馆承办的"广东省文物博物馆学会第六届年会暨学术研讨会"在河源市举行。来自全省各地的100多名文博界专家学者参加会议，对当前文博界热点问题进行了深入探讨。

12月　自2010年5月18日广东省博物馆新馆开馆以来，先后接待包括全国人大副委员长、全国政协副主席以及古巴、俄罗斯、马来西亚等国家和地区重要领导嘉宾30多批次（具体见附表），接待观众总量152.2万人次，开放日均观众量约7800人次，10月3日观众超过2万多人次，10月4日观众累计达到100万人次。

二　广东省博物馆 2010 年接待重要领导与嘉宾一览表

序号	时间	重要领导与嘉宾信息	陪同与接待
1	5 月 26 日	泰王国驻广州总领事林培森	阮华端副馆长
2	6 月 10 日	美国夏威夷州州长琳达·林格	莫鹏副馆长
3	7 月 3 日	香港财政司司长曾俊华	钟云开副总指挥
4	7 月 11 日	国民党荣誉主席吴伯雄	省文化厅厅长方健宏、肖洽龙馆长。
5	7 月 20 日	海南省党政代表团	省领导汪洋，省文化厅副厅长马新民，肖洽龙馆长以及莫鹏、阮华端、肖海明副馆长
6	7 月 31 日	澳门特别行政区政府运输工务司司长刘士尧	莫鹏副馆长
7	8 月 25 日	古巴共产党中央政治局委员、国务委员会副主席科洛梅	肖洽龙馆长
8	9 月 1 日	国家安全部党委委员、纪委书记黄殿中	肖海明副馆长
9	9 月 1 日	全国人大科教文卫体委员会副主任张文康	肖海明副馆长
10	9 月 1 日	国家安全部耿惠昌部长	肖海明副馆长
11	9 月 1 日	省外事办及柬埔寨奉辛比克党干部考察团	陈邵峰馆长助理
12	9 月 3 日	泰王国新闻司副司长	
13	9 月 5 日	毛里求斯总统贾格纳特及旅游部部长	陈邵峰馆长助理
14	9 月 25 日	全国政协副主席、中央统战部部长杜青林	肖洽龙馆长
15	10 月 10 日	民政部部长李立国	肖海明副馆长
16	10 月 12 日	国家发改委纪检组长苏波	陈邵峰馆长助理
17	10 月 28 日	津巴布韦副总理库佩	莫鹏副馆长
18	11 月 13 日	中央国家机关工委亚运贵宾团	肖海明副馆长
19	11 月 13 日	全国人大外事委副主任委员马文普	
20	11 月 13 日	蒙古国外事部长纳桑巴特·奥云巴特	

序号	时间	重要领导与嘉宾信息	陪同与接待
21	11月13日	中央国家机关工委常务副书记杨衍银	
22	11月14日	国家海洋局局长孙志辉	阮华端副馆长
23	11月17日	俄罗斯部长级代表团	肖洽龙馆长
24	11月17日	全国人大外事委潘新春副主任	
25	11月20日	美国驻广州总领事馆一行	莫鹏副馆长
26	11月26日	中央国家机关工委副书记杨永金	肖洽龙馆长
27	11月26日	柬埔寨副首相梅森安	刘莉莎主任
28	11月26日	全国政协教科文卫体委员会副主任蒋效愚	
29	11月28日	阿富汗副总统哈利利	莫鹏副馆长
30	11月28日	全国政协副主席阿不来提·阿不都热西提	钟云开副总指挥
31	11月28日	全国人大副委员长 司马义·铁力瓦尔地	钟云开副总指挥
32	11月30日	国防大学政委、上将赵可铭	肖洽龙馆长
33	12月12日	伊朗副总统赛义德鲁	陈邵峰馆长助理
34	12月18日	泰国外交部长格实	阮华端副馆长
35	12月19日	马来西亚贵宾团	钟云开副总指挥
36	12月20日	全国政协副主席、中国科学院院士王志珍	莫鹏副馆长
37	12月25日	最高人民检察院原常务副检察长梁国庆	肖海明副馆长

三　新增规章制度（部分）

广东省博物馆学术委员会章程

第一章 总则

第一条　为推动广东省博物馆学术事业的健康发展和持续繁荣，提升本馆学术研究品味与影响力，特制定本章程。

第二章 性质和任务

第二条　广东省博物馆学术委员会是馆长领导下的学术机构，负责规划、指导、组织、协调、咨询、评议全馆的科研和学术行为，为馆领导进行有关全馆学术和业务事项的决策提供依据。

第三章　机构设置

第三条　学术委员会实行委员制，委员由馆长根据本馆学术发展战略、业务结构及学术研究人员的个人素质与方向，在民主协商的基础上选聘。被选聘的委员应当是广东省博物馆在编人员，具有良好的学术造诣和职业道德，且具有积极、公正的办事风格。

第四条　学术委员会设主任一名，由馆长担任，主管学术委员会的全面工作。设副主任三名，并由馆长任命其中一人为常务副主任，负责管理学术委员会的日常工作。

第五条　学术委员会设秘书处，承担学术委员会的日常事务工作。

第四章 工作机制

第六条　学术委员会的最高机构为学术委员会全体会议，由学术委员会主任或主任委托的常务副主任召集、主持。学术委员会实行民主协商、平等议事的原则。

第七条　学术委员会每年召开一至二次全体会议，全体会议须有三分之二以上（含三分之二）委员出席才能举行。委员不能出席会议，须提前采取书面形式向学术委员会请假，学术委员会主任征得学术委员会半数以上委员的同意，可指定一名具有高级职称的本馆在编人员为代表，出席学术委员会会议，并行使相关权利。

第八条　学术委员会决议的形成采取无记名投票方式进行。一般情况下，学术委员会决议获得的赞同票达到与会投票人数三分之二以上（含三分之二）方为有效。特殊情况下，根据学术委员会主任或召集人的建议，经三分之二以上到会委员同意，委员会决议的形成可采取简单多数规则。

第五章 委员职责

第九条　学术委员会委员以本馆整体学术利益为基本立场参与学术委员会的工作，其开展的学术商议、评介、咨询或决策工作以追求真理为唯一目标，在此前提下，推动全馆整体学术事业的发展、繁荣与进步。学术委员会委员在工作中应以得到学术界普遍公认的学术规则为准则，自觉遵守组织原则，以人为本，积极倡导健康的学术批判精神，践行科学、求实、公平、公正的职业道德。

第十条　学术委员会委员有义务了解自己所属学科学术发展的动态及专家队伍建设情况，通过不断的学习和研究，提高自己在学术研究中的比较优势和对学术问题的洞察力；有义务传播并遵守公认的学术道德准则，对不良学术行为开展批评。

第六章 附则

第十一条　本章程经馆长办公会议审议、批准后正式实施。

第十二条　本章程由广东省博物馆学术委员会负责解释。

附件一：广东省博物馆学术委员会工作细则（略）
附件二：广东省博物馆学术委员会组成人员名单（略）

广东省博物馆藏品征集工作管理办法

第一章　总则

第一条　根据《中华人民共和国文物保护法》、《中华人民共和国政府采购法》和《广东省博物馆藏品管理办法》等有关规定，结合本馆藏品征集工作实际情况，为提高藏品征集工作质量和效率，加强管理，特制订本办法。

第二条　本办法所涉及的藏品征集工作是指根据本馆自身的性质、任务、藏品现状和发展需要，通过购买、接受捐赠、依法交换、调拨、移交以及法律、行政法规规定的其他方式征集藏品的业务活动。

第三条　藏品征集工作必须遵循科学合理的原则，设立专门的工作机构，有目的、有计划、有步骤地开展经常性的征集工作。

第二章　藏品征集工作机构

第四条　由馆长、副馆长、馆长助理，财务部门、藏品管理部门负责人及馆纪检监察人员等组成藏品征集工作领导小组，负责审定本馆藏品征集工作规划，审批藏品征集年度计划及文物征集专项资金使用计划，讨论决定单件或每批次5万元以上（含5万元）藏品征集议案。

第五条　藏品征集工作领导小组下设办公室，具体负责制订并实施日常藏品征集计划，组织藏品征集工作领导小组会议，开展经常性的藏品征集工作。

第六条　设立广东省博物馆藏品征集鉴定专家库，负责珍贵藏品征集过程中的鉴定、评估工作。藏品征集工作领导小组办公室依据藏品的不同性质与类别，从专家库中遴选相应专家，以确保藏品征集工作精确、稳妥运行。

第三章　藏品征集工作人员要求

第七条　藏品征集工作人员要熟悉有关政策法规、遵守纪律、认真负责、吃苦耐劳、廉洁奉公、依法办事，熟悉本馆藏品情况，掌握藏品征集工作的基础知识和基本技能，具备一定的专业知识和鉴定能力，能够处理日常征集事务。

第八条　凡提出征集意向的藏品征集工作人员，需提交征集议案、藏品征集工作领导小组办公室负责组织专家鉴定、草拟征集合同，配合藏品管理部门完成藏品拨库入库手续，并及时向财务部门提交办理国库集中支付手续所需要的相关资料。

第四章　藏品征集范围

第九条　本馆根据自身性质、任务确定藏品征集范围，凡具有收藏保存价值、适合陈列展览需要或具有科学研究价值的文物、标本等人类及其环境见证物均在征集之列。从现有藏品结构和规模实际出发，重点征集具有典型代表性的精品和能够填补馆藏空白的品类。

第五章　藏品征集工作方式

第十条　藏品征集工作要严格遵守《中华人民共和国文物保护法》，通过购买、接受捐赠、依法交换、调拨、移交以及法律、行政法规规定的其他方式征集藏品。

第六章　藏品征集计划

第十一条　非特殊情况，每年年底由藏品征集工作领导小组办公室根据本馆的藏品征集工作规划和陈列展览、科学研究的实际需要，制订下一年度藏品征集计划和相应的文物征集专项资金使用计划，报藏品征集工作领导小组审批。

第十二条　如非特殊需要，藏品征集工作领导小组每月中旬集中召开一次文物征集会议，专题研究与藏品征集工作有关的事项。凡有征集意向的征集人，须每月10日前提交藏品征集书面申请及藏品清单（包括名称、质地、时代、用途、尺寸、数量、价格等）与图片给藏品征集工作领导小组办公室，以备开会讨论。未准备充分者，征集议题将顺延至下月中旬讨论。遇有重大、特殊、紧急征集事项，具体藏品征集负责人还应提交阐述重要性缘由的书面报告，呈交藏品征集工作领导小组酌情考虑是否需要增开藏品征集工作领导小组会议，如遇否决，征集议题将顺延至下月中旬讨论。

第七章　藏品征集工作基本要求

第十三条　凡需购买的藏品在报批时要按以下要求提交专家书面意见：单件或每批次在10万元以下

（含 10 万元）的藏品，必须有"广东省博物馆藏品征集鉴定专家库"两名入库专家的鉴定和评估意见；单件或每批次在 10 万元以上至 50 万元以内（含 50 万元）的藏品，必须有"广东省博物馆藏品征集鉴定专家库"三名入库专家的鉴定和评估意见；单件或每批次在 50 万元以上的藏品，必须有"广东省博物馆藏品征集鉴定专家库"四名以上入库专家的鉴定和评估意见。专家意见包括拟购藏品的真伪、收藏价值和参考价格等。征集购买藏品的审批工作实行专家鉴定赝品一票否决制度。专家意见和审批研究过程等要有文字记录并存档。

第十四条　对所征集的藏品要做好科学的原始记录。具体要求：①在征集调查时，由物主写成书面材料或由征集人当场记录，并请物主签名确认；②记录要实事求是，要经过核实，不能道听途说或主观编造；③准确记录初步鉴定意见及藏品的价值评估；④要注意记录有关的人物、事件和情节等材料；⑤用不易褪色的墨水书写，字迹要清楚、工整，并及时录入电脑；⑥必须附上有关照片、拓片或绘图。

第十五条　所征集的藏品必须尽快移交到指定的库房妥善保存，不准在私人手上存放保管，并在五个工作日内办理移交和拨库手续。

第十六条　所征集的藏品在总账登记时，征集人员必须将有关的原始资料和鉴定意见表等移交给总账保管员存档。

第八章　藏品征集经费审批权限

第十七条　藏品征集经费的审批权限为：单件或每批次在 10 万元以下（含 10 万元）的，由主管该项目征集的副馆长审批；单件或每批次在 10 万元—50 万元（含 50 万元）的，由主管该项目征集的副馆长审核，馆长审批；单件或每批次超过 50 万元的，必须由藏品征集工作领导小组研究审批，有关审批决定由藏品征集小组办公室写出书面报告并附文物征集会议纪要。

第九章　藏品征集经费支付

第十八条　藏品征集经费在使用之前必须按照《政府采购法》、《政府采购运行规程暂行规定》的要求，办理政府采购的相关手续后实施采购。

第十九条　藏品征集经费的付款方式，必须按照财政集中支付的有关规定办理款项支付。

第二十条　从文物商店或拍卖行等企业、事业和团体单位购买或有偿调拨、移交、价拨的藏品，双方应签订合同，对方需开具完税发票。

第二十一条　从民间私人手中收购藏品，卖主须填写收款收据，并提供个人身份证等资料，本馆财务部门据此开具收购发票。

第二十二条　所征集回馆的藏品须登帐拨库后才能办理付款或报销手续。报销单据上要有经手人、证明人、验收人和审批权限人签名，并附有藏品拨库单、合同、专家鉴定意见表、藏品征集鉴定审批表、收款凭据等材料。

第十章　藏品征集工作流程

第二十三条　为了使藏品征集工作组成员尽快熟悉掌握本馆藏品征集工作的基本程序，熟练处理日常征集事务，特制定藏品征集工作流程表，以供日常文物征集工作之用。

第二十四条　根据《中华人民共和国文物保护法》关于文物收藏单位可以通过接受捐赠方式获取文物的规定，现根据广东省博物馆工作实际，特制定《广东省博物馆接受文物捐赠工作流程表》。

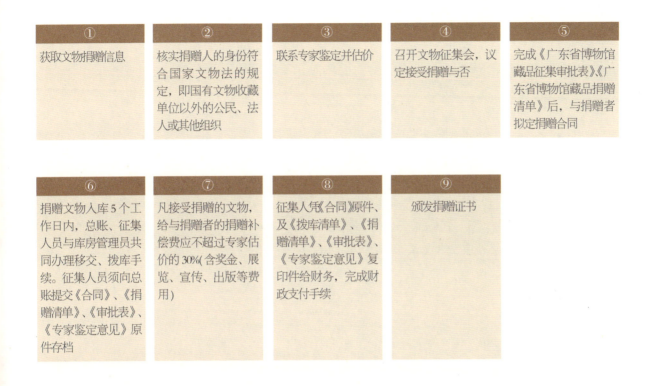

①	②	③	④	⑤
获取文物捐赠信息	核实捐赠人的身份符合国家文物法的规定，即国有文物收藏单位以外的公民、法人或其他组织	联系专家鉴定并估价	召开文物征集会，议定接受捐赠与否	完成《广东省博物馆藏品征集审批表》《广东省博物馆藏品捐赠清单》后，与捐赠者拟定捐赠合同

⑥	⑦	⑧	⑨
捐赠文物入库5个工作日内，总账、征集人员与库房管理员共同办理移交、拨库手续。征集人员须向总账提交《合同》、《捐赠清单》、《审批表》、《专家鉴定意见》原件存档	凡接受捐赠的文物，给与捐赠者的捐赠补偿费应不超过专家估价的30%(含奖金、展览、宣传、出版等费用)	征集人凭《合同》原件、及《拨库清单》、《捐赠清单》、《审批表》、《专家鉴定意见》复印件给财务，完成财政支付手续	颁发捐赠证书

第二十五条　根据《中华人民共和国文物保护法》关于国有文物收藏单位可以通过文物行政部门指定保管或调拨方式取得文物的规定，现根据广东省博物馆工作实际，特制定《广东省博物馆接受文物调拨工作流程表》。

①	②	③	④	⑤
国有文物收藏单位之间达成文物调拨意向	向省文物局提出调拨文物书面申请（一级文物报国务院文物行政部门）	完成调拨文物清单及藏品档案，并报文物局备案	得到省文物局批准后，双方签订文物调拨协议书	给予提供文物的文物收藏单位合理补偿金，具体办法遵照省文物局及以上文物行政部门规定执行

注：以上诸流程表仅供常规文物征集工作之用，特殊情况特殊处理。

第十一章　藏品征集工作监督检查

第二十六条　藏品征集工作必须接受财政、文化、审计和纪检监察等有关部门的监督检查。

第二十七条　征集人员不准假公济私，借博物馆的名义为自己或他人征集文物，违者严肃处理。

第十二章　附则

第二十八条　本《广东省博物馆藏品征集工作管理办法》（修订稿）及其附件经广东省文化厅批准后报广东省财政厅备案，并自广东省文化厅批准之日起实施。本办法的解释权在广东省博物馆。

附件：

1. 广东省博物馆藏品征集工作领导小组（略）.
2. 广东省博物馆藏品征集工作领导小组办公室（略）
3. 广东省博物馆藏品征集鉴定专家库（略）
4. 文物鉴定专家费支付标准（略）

广东省流动博物馆章程

　　根据广东省委关于打造文化大省的精神，省文化厅领导的指示与我省文博事业发展的需要，提出建立"广东省流动博物馆网"的构想。在广东省文化厅的领导与协调下，以广东省博物馆为中心，整合全省的博物馆陈列展示资源（包括藏品、展出场地、展览设备、专业人员等），相互协助，协商调配，组织、策划和制作一些具有较高水平的展览，在全省各级博物馆巡回展出。形成中心辐射、分级多节点的动态博物馆陈列展览协作交流网络。

一、建立广东省流动博物馆网的必要性与可行性

　　广东省现有博物馆达 144 座，随着文博事业的发展，人们对精神文化的要求不断提高，特别是根据"十六大"的精神，以及新文物法的颁布和实施，各级博物馆对展览和宣传工作的要求，尤其是对有一定档次和较高水平的展览的需求非常迫切。而各级博物馆在收藏、展示条件、专业人才等诸方面有着很大的差异，发展极其不平衡。大多数博物馆藏品匮乏、收藏和展示条件较差、文物保护和鉴定以及陈列设计等文博专业人才严重缺乏，根本无法适应文博事业发展的需要。根据各博物馆的地理位置以及不同的展示条件，建立一个以省博物馆为中心的分级辐射的流动博物馆网系统，整合全省的展览资源，充分利用各馆的资源优势，充分发挥各馆专业人才的积极性和创造性，提高展览水平，节约展览成本，降低运营费用，增强流动展览的安全保险系数，培养高素质的文博专业人才，都显得非常必要。

　　全省博物馆现有登记藏品 40 多万件，可供展览的展场面积有 18 万平方米。由于分布不均衡和条件差异大，大多单打独斗，各自为政，造成有些博物馆藏品数量多而无足够的场地展示，另一些博物馆则有场地而无展品可供展出，造成有限的文博资源的闲置和浪费。以广东省博物馆为中心，整合全省的展示资源，协调各馆职能和行动，形成一种合力，有利于全省博物馆资源的优化配置。筹备一批不同类型和规模的展览，根据各博物馆不同的场地和安全设施，巡回和交流展出，形成一个动态的展览网络系统。同时根据展览的不同内容，定期举办博物馆陈列和讲解培训班，也有利于各级博物馆专业人才的培养和专业水平的提高。

二、广东省流动博物馆网运作方式

　　1）广东省流动博物馆网构成

　　凡广东省内具有一定展览条件（展出场地与安全保卫设施）的博物馆（含纪念馆与省市级文保单位），提供本馆基本情况（见附表），向省流动博物馆网中心办公室提出申请，经研究根据该馆的实际情况审批和分类，即可加入广东省流动博物馆网，成为省流动博物馆网成员。省流动博物馆网中心办公室设在广东省博物馆。

　　2）广东省流动博物馆网成员的权利

　　① 省流动博物馆网成员有权根据中心办公室提供的展览清单申请巡回展览赴该馆展出。中心定期向
　　　省流动博物馆网成员派发巡展简介通讯；
　　② 免展览展出费用与运输费用；
　　③ 免费获得由展览中心提供的展览说明与讲解文本；
　　④ 由展览中心派专业人员协助布展；
　　⑤ 可根据展览中心提供的培训项目派员参加培训；
　　⑥ 根据展览需要，中心将会邀请有关专家学者在展出地举办讲座，以扩大展览的影响。

　　3）广东省流动博物馆网成员的义务与责任

　　① 经与中心协商，服从中心办公室对展览以及合办展览的展览资源的统一调配，以及展出时间的安
　　　排；
　　② 负责无偿提供符合防火、防盗等安全要求的展厅、展柜；
　　③ 在中心办公室指派专业人员的指导下完成所有展品和展览设备清点、布展及撤展工作；
　　④ 负责展品从广东省博物馆（或上一展出地）到该馆运输期间以及在展览期间的安全保卫；
　　⑤ 负责中心办公室指派专业人员在该馆布展、撤展期间的食宿费用，并支付适当的差旅补助费；
　　⑥ 展品放入展柜后，即由双方代表签封，任何一方不得单独开启展柜；如出现紧急情况，中心人员
　　　不在现场时，该馆可采取必要的措施抢救保护展品，并及时通知中心；
　　⑦ 展品如有丢失或损坏严重不能修复时，该馆应按照展品估价全价赔偿。如有损坏但能修复时，由
　　　双方评估损伤程度并提出合理的索赔金，该馆据此进行赔偿；
　　⑧ 成员有责任在展览展出期间（包括筹备期间），开展展览的宣传推广和讲解工作，并达到一定的
　　　实际宣传效果；
　　⑨ 负责将展览的观众量和观众反映情况总结反馈回省流动博物馆网中心。

三、展览的筹备与来源

1）广东省博物馆的藏品占全省藏品的四分之一，并且藏品的档次较高，类型较为全面。有着较强的展览设计和制作班子。有较为丰富的研究和实践经验。首先由省博物馆筹备一批方便于进行巡回展出的展览。

2）根据各地博物馆藏品的不同特点，以及各地不同的风土人情，指导（或馆际合作）制作出有地方特色的展览，纳入省流动博物馆网的巡回展览进行交流展出。

3）联合具有较好的基础设施和经济条件的博物馆，引进兄弟省市博物馆的较高档次和水平的展览。以提高展览水平和适应展览市场需要。

4）经过对资源的整合，制作出较高层次的展览，与境外和国外的博物馆进行交流。纳入国际网络，促进全省博物馆事业尽快与国际接轨，扩大我省博物馆的影响。

四、预期社会效益和经济效益

1）有效盘活各地文博资源，提高对省内各馆历史、民族民俗、艺术品、自然标本等文物资源的使用效率，提高各种文化遗产的知识普及与研究水平；

2）有效解决各市县级博物馆人财物资源短缺等困难，扩大各馆在当地的社会影响，提高各馆的社会效益和经济效益；

3）为我省博物馆系统不断培养和输送高层次人才；

4）为各级政府及有关部门政策方针的宣传提供展览服务；

5）组织有关专家和研究人员，向社会提供文物鉴定以及展览技术咨询服务；

6）促进各地加大对博物馆展示条件的改善，推动各级政府加大对博物馆人财物资源的投入。

7）为宣传和保持文化的多样性做出实质性工作。

广东省博物馆物业管理制度（试行）

总　则

　　广东省博物馆是国家一级博物馆，是文物系统一级风险保护和治安保卫重点单位，是文物收藏、科研、展示的场所。馆内文物、标本等具有重要的历史、艺术、科研价值，是人民群众参观学习和共享社会文明成果的重要场所。

　　为了更好地加强广东省博物馆与广东省华侨物业发展有限公司的协调管理，以《广东省博物馆物业服务合同》、《广东省博物馆（新馆）物业管理采购项目（第二次招标）招标文件》及《广东省物业管理示范大厦标准及评分细则》为依据，结合广东省博物馆物业管理实际情况制定本制度。达到任务清楚，要求明确；依规办事，有章可循；监管有力，保障有序；量化考核，奖罚分明的目的。以提高博物馆的物业管理水平和服务水平，适应免费开放的新形势、新变化、新要求，处理好管理与服务的关系，在不断提高管理水平中提供优质服务，最大限度地满足广大人民群众日益增长的文化需求。

第一章　公众服务

第一节　任务与要求

　　公众服务是博物馆直接面对广大观众的重要环节，是衡量博物馆管理和服务水平的关键所在，其主要任务包括：展场服务、票务管理、前台服务、医疗服务等。要求公众服务人员严格按照省博物馆关于展场管理及公众服务的岗位职责、操作规范及其他相关规定执行工作。牢固树立服务意识，不断提高服务水平，做到服务热情，管理有序，努力创造安全、舒适的参观环境，树立良好的服务形象。

第二节　实施细则

展场服务

一、　每天开放前、闭馆离岗前对展厅文物展品进行盘点，核查文物展品现存状况，发现异常马上报告并记录情况。

二、　撰写岗位工作日志，做好轮岗交接班工作，及时报告工作中的问题和可疑、异常情况，并按相关指引执行。

三、对展区进行巡查，及时发现问题并礼貌劝诫追逐、打闹、喧哗、触摸标本、文物、展品等不文明行为和处理遇到的其他问题，维持正常的参观秩序。劝诫无效时，应及时向主管领导报告。

四、言行文明，礼貌待人，热情主动为观众服务。提供展场、展品指引及其他简单咨询服务。

五、熟悉电源开关、消防设施和辅助性展览设备的具体位置，并且能按规范要求正确操作，发现问题及时报告处理，确保场馆内设备正常运行。

六、检查督促保洁员做好岗位范围内日常保洁工作，保证展场整洁干净。

七、采取专人看管、不定时巡查和重点监控等措施，对展览区域内文物、展品进行看护，发现问题及时报告处理，确保场馆内文物展品安全和完好无损。

八、服从领导安排，在专业人员的指导下，协助展览布展、撤展等工作，检查进场人员是否佩戴有关证件，积极配合场馆内物品移动管理，确保文物展品安全。

九、电视机、录像机、投影机、幻灯机等辅助性展览设备，不播放与展览无关内容，及时制止观众对设施有可能造成损坏的行为。

十、遇到展厅内人流量过高，有可能危害到观众人身和文物安全时，须及时采取限制入场等相应措施，确保展厅内观众和文物的安全。

票务管理

一、严格执行《票务管理制度》。

二、每日向社会发放免费参观券最高限量 5000 张（含预约团体、散客，不含嘉宾、持博物馆招待券观众）发完即止。

三、领票处工作人员发票时认真检查观众凭有效证件，做到一人一证一票，杜绝重复领票，准确统计观众人数。孕妇、行动不便者以及高龄老人（70 岁以上）可优先安排领票进馆。

四、检票时保持良好的精神状态，认真检查有效日期，做到凭票进场（1.4 米以下小童可免票进场）。学龄前儿童、高龄老人、行动不便者须有成年人陪护入馆参观。

五、根据场内的观众人数及重大活动的具体安排控制放行时间和速度。

八、每天 9：00 — 17：00 提供预约咨询服务，传真服务 24 小时提供。票务人员收到传真后在 24 小时内予以回复，确认预约结果。

七、根据预约情况，在限额内可酌情调整旅行社、学校、社会团体名额分配比例（平日：2500 张，其中旅行社 1500 张；节假日：2000 张，其中旅行社 1200 张）。如有团体要求预约讲解的，告知讲解预约电话。

八、票务可在总人数限额范围按顺序接单。团体预约人数超过相关人数规定须报批后方可确认。团体参观经确认成功预约后按约定时间发放团体票，发放时，工作人员须核对预约号、预约函原件、领票人工作证或身份证，超时未取票，取消预约。

九、散客、团体取票后，从西门经安检、检票后入馆参观。乘坐轮椅观众可经北门安检后入馆参观。普通观众从西门离馆，行动不便、乘坐轮椅观众乘电梯至首层，经北门离馆。

十、嘉宾、贵宾在北门贵宾通道入馆后进行参观，参观结束后均可从贵宾通道或西门离开。

前台服务

一、严格遵守《问询服务规范》，开放日 9：00 – 17：00 提供咨询服务。熟记各类展览信息及日常主要问询内容，遇到无法解答或不清楚答案是否涉及保密性、敏感性的问题应马上请示上级解决。

二、免费提供展馆简介、展览介绍和有关活动信息等资料。

三、及时播报各类广播信息，发生紧急突发事件作通报广播。

四、进行投诉接待、观众留言及后续处理跟进工作，做好投诉原始记录的分析、整理并每周作报告。

五、落实《观众存包管理制度》和《贵重物品管理制度》，在开放时间免费提供人工寄存、储物柜（电子柜）寄存，正确指导储物柜（电子柜）的使用操作。贵重物品原则上不给予寄存。

六、做好人流高峰期对观众进行正确的疏导、指引。

七、提供各种便民服务。

医务室服务

一、广东省博物馆物业管理服务中心（下称：服务中心）设立医务室，配备持有合格执业资质的医生、护士各一名。

二、医务室非专门的执业卫生部门，服务区域限于广东省博物馆范围内，主要提供轻微外伤处置、急症紧急援救的免费服务，协助医疗卫生单位做好现场抢救等工作。

三、医务室购置医疗服务器材发生的费用从物业管理服务预留金中支出，按预留金管理办法执行，日常医用耗材等费用由服务中心负责。

四、逢对外开放日，确保至少有一名医生或护士在广东省博物馆现场值班。如遇节假日及重大活动，两人都必须在现场值班。

五、医务室采取了适当的处理措施患者仍有潜在危险的，必须立即提出医嘱，并做好重病和疑难病例的转诊工作。

六、医务室有义务做好广东省博物馆范围的卫生科普知识宣传，配合卫生部门做好流行病防疫方面的工作，做好属地卫生、防疫部门的检查接待工作。

七、广东省博物馆或服务中心在举办各种活动期间，若接到上级安排，医务室负责对活动现场有需要的人员做好医疗救助工作。

八、医务室的医生和护士负责医务室的场地管理、环境消毒、器材检查、药品管理等，确保医务室卫生条件合格，随时以整洁、有序、完备的状态提供服务。

第三节　监督检查

公众服务部负责对物业公司在公众服务方面的工作进行监督检查，将监督检查的情况作为考核依据，以表格形式进行备案登记，以便对公众服务的服务质量进行监督和评价，使其工作得到不断改进。公众服务部在监督检查中发现展场服务、前台服务、票务管理、医疗服务存在漏洞或者其他问题应当及时通知服务中心和相关部门进行解决。具体监督内容如下：

前台服务监督：监督是否按照相关规范提供咨询服务，投诉接待及后续处理跟进工作，是否在人流高峰对游客进行疏导，播报各类信息，及时做好物品寄存及便民服务工作。

展场服务监督：监督展区及相关设备设施的保洁工作，确保展区的卫生环境。每天对文物展品的核查及现存状况，对展览区域内文物、展品进行看管、巡查和监控，发现问题及时汇报处理，做到确保场馆内文物展品的完好无损。熟练掌握展览相关设备的操作规程，确保场馆内设备的正常运行。

票务管理监督：监督是否按规定限量发放参观券，是否及时提供预约咨询服务。是否对票务预约登记（含窗口、电话、传真、网络预约等）做好记录。是否认真查验门票，引导观众有序，出入各展厅，是否按规定办理门票的领用、发放，及时向观众通报门票的派发、停发情况，做好解释和疏导工作。是否及时对观众人数进行统计，按要求准确填写数据统计报表。

医疗服务监督：监督医务室设施、药品和医用耗材的使用。做好及时为观众及工作人员提供突发性疾病的基本急救医治。制定展馆各种场所杀菌消毒计划，做好卫生知识普及宣传工作，指导各种疾病预防工作。督促检查公共场所卫生情况，做到每周至少3次检查公共卫生情况。

第四节　考核评价

考核评价通过定期与不定期检查两种方式进行。不定期检查是指在日常的公众服务过程中，公众服务部针对展场服务、前台服务、票务管理、医疗服务某一特定部分或特定环节，根据任务与要求和实施细则进行检查。定期检查是指每月定期进行一次，由物业公司、博物馆相关人员组织的专项检查。定期检查和不定期检查作为月考核的依据填写在《物业服务质量评分表》上，综合后得出公众服务服务质量分数，转换权重值后得出最终分数。

展场服务、前台服务、票务管理、医疗服务考核标准根据《广东省物业管理示范大厦标准及评分细则》结合广东省博物馆的实际情况制定。详见《物业服务质量评分表》（略）。

第二章 后勤保障

第一节 任务与要求

后勤保障是博物馆正常运行开展各项活动和提供各项服务的基础条件，其主要任务是：做好饭堂服务、绿化服务、清洁服务、设备设施管理等后勤服务。要求确保馆区内环境整齐、洁净，以达到改善小气候、净化空气、减少污染、防治噪声，提高广东省博物馆的整体形象。为博物馆的正常运行和高质量的对外服务提供有力的后勤保障。

第二节 实施细则

饭堂服务

一、根据广东省博物馆的实际情况，建立科学的食品质量、环境卫生、员工服务、劳保安全等管理制度，做好采购、入库、验货、出库登记。

二、餐饮供应丰富，确保食品安全卫生、优质美味、新鲜可口。严禁采购"三无"产品。食品应当分类、分架、隔墙、离地存放，定期检查、及时处理变质或超过保质期限的食品。

三、员工服务周到，就餐环境整洁、舒适、卫生，且有效地防蝇、防尘、防鼠。有足够的照明、通风和符合卫生要求的存放废弃物的设施和设备。餐具用后洗净、消毒，保持清洁，达到广州市质量监督局认证食品卫生 C 级单位标准。

四、在岗员工劳保用品齐全，具有良好的个人卫生习惯，出现有碍于食品卫生的病症时，应立即脱离工作岗位，待查明病因、排除有碍食品卫生的病症或治愈后，方可重新上岗。

五、每月将饭堂经营账目明细报归口管理部门，归口管理部门可根据实际情况随时核查经营账目。

六、价格合理、符合规定标准，无私自提价。

绿化管理

一、根据广东省博物馆的实际情况，建立科学的光照管理、温度管理、水分管理、土壤管理、施肥管理、修剪整形、病虫害防治等管理制度，制定相应的绿化保养计划并做好绿化保养记录。

二、定期对绿地进行清洁、保养，确保绿地无纸屑、烟头、石头等杂物，防止绿地被践踏、占用。

三、每月清除植物体表灰尘，促进植株呼吸，增强光合作用。

四、根据天气、空气湿度以及栽种的具体情况定期对绿化淋水，保证绿化植物有充足水分。

五、根据天气、土壤的具体情况进行施肥、松土，定期清除杂草，确保土壤养分充足、土表平整。

六、根据植物枝叶的形态及生长状况，定期进行修剪、护理，确保整齐美观。

七、根据病虫害的出现周期及植物的病发情况进行预防及杀灭工作。

八、对"百草园"种植的中草药进行日常养护管理，确保植物处于良好的生长状态。

九、提供节假日期间及重要展览活动时博物馆大堂及其他活动现场的摆花及盆栽植物，并进行摆放布置；平时在大堂、展厅、通道、楼顶花园等公共场所保证一定数量绿色植物和花卉。根据植物生长状况和绿化要求每月进行检查，观察是否必需要做补充或更换。

清洁卫生服务

一、根据广东省博物馆的实际情况，建立科学卫生保洁、垃圾废品处理、设备设施保洁、四害防治、人员素质等管理制度，制定相应的保洁计划并做好保洁记录。

二、每天对广东省博物馆物业管理区域进行巡回保洁，对面向公众开放、服务或特定区域要随时保持清洁。

三、每天一次对各类功能用房（办公室、会议室、值班室等）进行保洁及垃圾收集；贵宾室、接待室、会议室应在每次使用过后及时清洁，每周定时对地毯进行吸尘保洁、清洗；每月定时对各类功能用房、办公用品、设备、会议家具、窗帘等进行清洗、打蜡养护。

四、每天及时收集场馆内垃圾并清运至中转站。每天对施工装修、布展垃圾进行专项处理、清运，对场馆工作产生的大型废品进行及时的清理。

五、闭馆期间对场馆内高空设施进行巡回清洁、养护；各种设备用房整洁干净无杂物，每月至少清洁一次。建筑物外墙、地面每年清洗一次，如遇特殊情况须进行局部清洗。

六、巡回对场馆内各种地面进行打蜡及清洁养护处理，个别特殊材质特殊处理。巡回对场馆各建筑物外墙天台及相关设施进行清洗、保洁，根据天气情况对建筑物排水沟进行及时清理、清疏。每半年对场馆相关积水井进行清疏、捞渣工作，对消防蓄水进行彻底清洗。

七、对二次装修后的场地进行及时清洁或重新开荒。

八、结合实际情况，对场馆蚊、蝇、鼠、蟑、白蚁等进行预防和灭杀。

九、提供并及时添加所有卫生间、贵宾室、接待室、会议室的消耗品。

十、除特殊情况外，保洁人员在 5 分钟内响应呼叫并到位。

设备设施管理

一、根据广东省博物馆的实际情况，建立科学的值班、故障处理、强弱电、给排水、房屋结构、空调、电梯、高压电气设备、防雷设施等管理制度，制定相应的维修保养计划并做好维修保养记录。

二、总维修报障台 24 小时值班，统一指挥调度，接到报修后维修人员在 5 分钟内到达现场抢修处理，及时排除各种故障，零修合格率100%，并跟踪、记录完成情况。特殊情况不能立刻处理，在保证安全的前提下，应采取临时应急措施，保证展览和办公及各种活动的使用需要。

三、完成电梯、高压电气设备、防雷设施年检工作。保证中央空调各机组管道水质符合国家标准，确保冷冻水、冷却水检查结果合格达标，设备设施运行噪音不超标。

四、公众区域的设备设施在闭馆期间进行检查维护维修，办公区域在非工作日进行检查维护维修，功能区域的设备设施在非使用时段进行检查维护维修，其他区域的设备设施根据实际情况进行日常检查维护维修。

五、每天重点巡视检测高低压电器设备和避雷接地设施。

六、对弱电系统（办公、通信、广播、电脑、音像、展览、会议、监控设备）性能和状态进行每周检查、检测，并做好检查记录，确保各项设备正常运转。

七、对供水系统管路、水泵、水箱、阀门等进行日常维护和每周检修，定期清洁卫生和消毒，确保供水设备设施周围无污染隐患，保证水质符合国家标准。每季度对排水管、下水道、沙井进行清通、养护及清除污垢；保证室内外排水系统通畅，根据实际需要定期对场馆排水、排污管道进行清疏。

八、每天对电梯定时开关，并定期进行检测，保证良好的安全运行状态。

九、定期检查中央空调系统运行，确保无严重滴漏水现象。定期对空调滤网进行清洗，严格控制空调制冷温度，保证温度适合文物展品的保存、公众服务的需求、行政办公的要求。

十、限电、停电、限水、停水及时通知馆方，并制订各种设备应急处理方案。

第三节 监督检查

后勤管理部负责对物业公司在上述后勤保障方面的工作进行监督检查，并将监督检查的情况作为考核的依据，以表格形式进行备案登记，以便对后勤管理的服务质量进行监督评价并使其工作得到不断地改进。后勤管理部在监督检查中发现饭堂服务、绿化服务、清洁服务、设备设施管理存在漏洞或者其他问题应当及时通知服务中心和相关的部门进行解决。具体监督内容如下：

饭堂服务监督：监督是否有健全的工作制度和工作记录；餐饮供应是否丰富，食品是否优质美味、新鲜可口；员工是否服务周到，劳保用品齐全，有良好的个人卫生习惯；就餐环境是否方便、整洁、舒适、价格合理。

绿化服务监督：监督是否有健全的工作制度、工作计划和工作记录；是否对绿化的光照、温度、水分、土壤、施肥、修剪整形、病虫害防治进行管理；是否对"百草园"的中草药进行养护管理；是否提供及布置活动现场、公共区域的摆花及盘栽植物，根据植物生长状况和绿化要求进行更换。

清洁卫生服务监督：监督是否有健全的工作制度、工作计划和工作记录；是否对广东省博物馆物业管理区域进行保洁，有特别或具体要求的按要求处理；是否对垃圾、废品进行处理；是否对设备设施、墙幕、高空进行保洁；是否对四害防治实施防治，人员在指定时间到位。

设备设施管理监督：监督是否有健全的工作制度、工作计划和工作记录；是否 24 小时值班，接报后在限时内到达现场处理，零修合格率 100%；是否采取相应措施保证展览和办公及各种活动的使用需要。是否对强弱电、给排水、房屋结构、空调、电梯、高压电气设备、防雷设施等进行定期检查、保养；是否完成设备设施年检工作，保证检测符合达标。

第四节　考核评价

考核通过定期检查与不定期检查两种方式进行。不定期检查是指在日常的后勤服务过程中，后勤管理部针对饭堂服务、绿化服务、清洁服务、设备设施管理某一特定部分或特定环节根据任务与要求和实施细则进行检查。定期检查是指每月定期进行一次由物业公司、博物馆相关人员组织的专项检查。定期检查和不定期检查作为月考核的依据填写在《物业服务质量评分表》上，综合后得出后勤保障服务质量分数，转换权重值后得出最终分数。

第三章　安全保卫

第一节　任务与要求

为了规范服务中心的工作人员职责，认真落实好相关的规章、制度，坚持贯彻执行"责任重于泰山"的安保原则，树立"博物馆安全第一"的思想。认真学习《文物法》、《消防法》和《治安管理条例》，全天候 24 小时安排值班、巡逻，确保安全、消防设备设施处于良好可用状态，制定各类防范预案，保证广东省博物馆人员、物品、车辆出入管理，消防、安全管理，紧急事件处理等符合广东省博物馆安全保卫的需要。做到责任心强，业务熟练，发现问题能够作出快速、正确的反应，紧密配合公安机关工作，维护本馆的工作秩序和保障文物、人身财产安全，责任落实到人，达到《广东省博物馆物业服务合同》相关的要求，使广东省博物馆物业管理有序、规范、安全、高效运作，保证广东省博物馆的文物、人员、财产安全。

第二节 实施细则

人员出入管理

一、根据广东省博物馆的实际情况，建立科学的人员出入管理制度，做好人员进出记录。

二、馆方工作人员在工作时段（正常办公日及开馆日上午 8：30—下午 17：30）凭工作人员证可从任何出入口进出本馆，无须进行安检。如忘带工作证，需向出入口值班保安人员说明本馆部门名称并作登记后方可进入。

三、贵宾、嘉宾凭票无须安检可直接通过北面贵宾通道进入博物馆，参观结束后可从西门出口或者贵宾通道离开。

四、观众在开馆日上午 9：00—下午 16：00，凭参观券经安检后进入开放区域参观，除特殊情况外，非展览开放区域禁止观众进入。

五、外来施工或布展人员凭广东省博物馆签发的《临时出入证》、《临时施工证》进入馆内进行施工或布展。未佩带《临时出入证》、《临时施工证》或证件与作业人员不符或临时出入证已过期，禁止进入本馆。

六、办理业务及来访人员，由被访部门或被访人电话联系物业服务中心，核实后凭有效身份证进行登记后，方可进入本馆。未有本馆工作人员陪同，只允许到一楼或五楼对应部门办理业务，禁止去其他区域或在其他部门逗留，离开时须办理注销。物业公司（非本馆上班）其他人员因公事需进入本馆，按业务及来访相关程序办理。

七、因举办大型活动、研讨会、商业活动等，相关人员、活动参与者需要从北门贵宾通道进入，以书面形式报保卫部备案。

八、本馆（包括物业）工作人员、工程施工或布展人员如需加班则须事先向馆方保卫部申请，得到批准后方可加班工作。

九、非开放及办公时间，严禁无关、闲杂人员进入本馆区域（负一层停放车辆人员除外）。

物品出入管理

一、建立物品出入管理制度，做好物品进出记录，现场值班人员全程跟进，确保物品出入安全。

二、博物馆各部门（含物业管理服务中心）需带物品出本馆时，必须事先填写《广东省博物馆携物出门证》，由部门负责人签字及加盖印章，携带文物出馆还须分管馆领导批准签字，出门时将《广东省博物馆携物出门证》交予门岗值班员核对后放行。

三、施工或布展单位及其他人员所有大件物品或重要设备、材料需带出本馆时，必须事先在省博对应管理部门填写《广东省博物馆携物出门证》，该部门负责人签字并加盖印章，出门时将《广东省博物馆携物出门证》交予门岗值班员核对后放行。

四、施工人员随身携带的工具及物品需当天带出的，进入时须在门岗登记好进入物品清单（物品的型号、数量、规格），带出时凭物品清单核对后放行。

五、对可疑的包裹、行李袋、包装箱等进行检查。

六、所有包装物品带入本馆时，门岗应主动检查，严禁易燃易爆、有毒等违禁物品及限带、禁带物品进入本馆。

七、所有物品统一从南门出入，大件物品经保卫部批准从东门出入。

车辆管理

一、建立车辆进出、车辆停放管理制度，做好车辆、出入、停放、过夜记录。

二、停车场全天24小时对外开放，如遇重大活动或特殊情况另行调整。18:00时至次日8:00时为夜间保管时段，0:00时至6:00时车场实行封闭式管理，原则上各类保管车辆不再进出停车场。

三、专人负责车辆出入、停放指挥，对车辆进行疏导，指挥引导车辆正确停放，使道路安全畅通，对乘车到达人员秩序进行管理，引导乘客正常流动，实行人车分流，做到场区内人员、车辆井然有序。

四、对外开放时段每小时全面巡查一次，非开放时段每两小时巡查一次，封闭管理时段每三小时巡查一次，巡查车场内的车辆状况、设备设施及清洁卫生的情况。每天17:30时排查并登记停车场内未离开的临时停放车辆。换班前将仍在停车场内的所有车辆统计并转交下一班。

五、如遇停车卡遗失的，应要求驾驶人出示车辆行驶证、驾驶证、身份证原件复印留存，并缴纳停车卡费和相应停车费，验证确认后方可放行。如有特殊情况，视实际情况上报处理。停车场内划分出月保车辆停放区和临时停车区，并设醒目的标志牌和相关指引。

六、内部车辆须到保卫部办理停车手续（领取月卡）后，方可免费停放，否则一律按规定收取相应停车费。馆领导驾车出入时，如无月卡可直接放行，放行后做好详细记录（主要登记车牌、驾驶人、进出时间等）。

七、 外来车辆进入停车场时，均须在收费岗亭处领取临时卡 (临时车辆停放证) 刷卡进入指定位置停放。车辆出闸时，凭临时卡进行刷卡，并按规定收取停车费后，方可开闸放行。临时停放车辆出闸时，要详细记录车辆的车牌号码、临时停车证卡号及出闸时间。

八、 外单位办公车辆进入本馆，参照外来车辆进入本馆相关规定进行，离开时凭本馆业务办理部门负责人签字并加盖印章《放行条》和临时卡免费放行。停车场管理人员要做好相关登记。

九、 停车场车位已满时，禁止临时停放车辆进入，并在车场入口 LED 屏幕展示"车位已满"信息或摆放"车位已满"告示牌。

十、 车辆进入时，要仔细检查车辆是否有外表损坏，划痕现象。要及时提醒车主把车辆门窗关好，车内不要放贵重物品等。如发现车辆有漏水、漏油等现象，要及时联系车主进行处理。严禁车主或搭载人员携带易燃易爆等危险物品进入停车场。

十一、制定停车场突发事件的处理预案，当发生车辆被盗、被损坏事件马上上报，配合公安机关、保险公司、车主进行妥善处理。

十二、车辆停放采取一车一卡制，正确操作停车场管理系统，服务收费按属地政府物价管理部门核定标准执行，杜绝乱收费。每天 16：00 时前将所收取的费用上交财务部。

安全、消防管理

一、 根据本馆的实际情况，制定安全、消防工作计划，建立安全、消防档案，规范管理。贯彻落实《广东省博物馆安全保卫制度》、《广东省博物馆消防安全管理规定》等规章制度，严格按照广东省博物馆关于安全保卫的岗位职责、操作规范及其他相关规定执行工作。认真负责、加强管理，采取人防和技防相结合的方法，做到无任何安全事故发生。

二、 严格执行《广东省博物馆安全检查操作规程》和《广东省博物馆禁、限带物品清单》。对观众采取人力和 X 光相结合的检查方法，杜绝限带、禁带物品进入馆内。爱护受检人的物品，整理好被检物品。严格遵守男不检女，女可检男的原则。对馆方部门负责人或以上领导认可的重要嘉宾、贵宾；执行任务的军、警人员；执行任务的急救、消防、抢险工作人员实行免检。

三、 维护好馆区秩序，做好人流高峰期观众疏导，正确引导，使通道畅通，对故意闹事人员礼貌劝离现场，确保场馆秩序井然有序。

四、 巡查场馆公共区域，盘查可疑人员，各岗位建立互动，以保障场馆公共设施不遭破坏。采取派专人看管，不定时巡查和重点监控，对重点部位、场所进行重点看护，确保重点部位、场所安全。及时发现和处理各种治安安全和事故隐患；看护公共区域展品，防止人为和自然破坏，确保广场展品的安全。

五、积极配合场馆内物品移动及安全管理工作，服从领导安排，全程跟进，使物品安全就位。

六、按照"治安保卫重点单位"的要求，掌握全馆的治安、消防安全情况，落实治安、消防安全设备设施每天巡查，每周检查登记，定期进行维护，确保完整好用，消防安全通道无杂物堆放，及时排查各类隐患并上报整改。

七、明确各区域防火责任人，定期进行消防安全宣传和培训，采取授课、宣传栏、聘请消防专业人员现场指导的方式，并将理论和实践相结合，使员工树立消防安全意识，掌握消防常识和基本消防技能，确保场馆消防安全。

八、建立健全的义务消防队组织，注重平时训练，每月至少训练一次，提高消防安全意识和自防自救能力。

九、配合公安机关处理治安事件，加强日常沟通，发生案件及时报警，协助公安机关保护现场，并积极配合提供相关线索，争取案件迅速侦破。

紧急事件处理

一、制定突发事件应急预案（消防、安全、群体事件），经审核批准后，积极组织演练，每季度不少于一次。

二、遇到突发事件，工作人员必须保持镇定，安抚观众不安情绪，合理疏导观众前往安全的地方，在不危及工作人员人身安全情况下，应对文物展品、财产采取保护措施后再撤离。

三、处理突发事件须及时启动突发事件应急预案。及时疏散人员，进行秩序维护，通知公安、消防、医院等有关部门配合处理。有效地控制突发事件，使损失降到最低。

四、紧急事件平息后迅速查明紧急事件发生时间地点事件起因、规模、性质及造成的影响，并连同处理结果形成报告，明确相关责任。

五、在处理特殊事件和紧急、突发事故时，馆方对物业服务工作人员有直接指挥权。

第三节 监督检查

保卫部负责对物业公司上述安全保卫内容进行监督检查，并将监督检查的情况作为考核的依据，以表格形式进行备案登记，以便对安全保卫的服务质量进行监督和改进。保卫部在监督检查中发现人员、物品、车辆出入管理、消防、安全管理、紧急事件处理存在漏洞或者其他问题应当及时通知服务中心和相关的部门进行解决。具体监督内容如下：

人员、物品、车辆出入管理监督：监督是否有健全的工作制度和工作记录；是否根据《人员、车辆、物品进出办法》对进出博物馆的物品、人员、车辆进行检查、登记；是否实行人车分流，保证秩序井然有序；是否严禁无关人员进入馆区。

消防、安全管理监督：监督是否有健全的工作制度、工作计划和工作记录；是否对观众采取人力和 X 光相结合的检查方法，杜绝限带、禁带物品进入馆内；是否巡查场馆公共区域，盘查可疑人员，各岗位建立互动，是否对重点部位、场所进行重点看护，看护公共区域展品；是否每天巡查消防安全设备设施，及时排查各类消防、安全隐患；是否定期进行消防安全宣传和培训，建立健全义务消防队组织，确保场馆消防安全。

紧急事件处理监督：监督是否有制定突发事件应急预案并积极组织演练，处理突发事件时是否及时启动突发事件应急预案，通知有关部门配合处理。事件报告是否真实，相关责任是否明确。

第四节 考核评价

考核通过定期检查与不定期检查两种方式进行。不定期检查是指在日常的安全保卫过程中，保卫部针对人员、物品、车辆出入管理、消防、安全管理、紧急事件处理某一特定部分或特定环节根据任务与要求和实施细则进行检查。定期检查是指每月定期进行一次由物业公司、博物馆相关人员组织的专项检查。定期检查和不定期检查作为月考核的依据填写在《物业服务质量评分表》（略）上，综合后得出安全保卫服务质量分数，转换权重值后得出最终分数。

第四章 办公室

第一节 任务与要求

为了规范服务中心的工作人员职责，认真落实好相关的规章、制度，提供规范、高效、优质会务接待服务；文件收发能够及时准确无错漏，档案资料、工作记录做到分类归档、严格保密，保证档案资料的完整性、完好性；配合好馆方顺利举办各类庆典、开闭幕式及其他相关文博活动，满足广东省博物馆日常需要，达到《广东省博物馆物业服务合同》相关的要求，从而提高广东省博物馆的整体形象。

第二节 实施细则

会务接待

一、根据广东省博物馆的实际情况，建立科学的日常会务接待、临时会务接待管理制度，做好相应会议接待记录。其中，日常会议服务时间为：8：30——17：30，其余时间馆方如需要服务中心提供会务配合工作，原则上应当提前通知，如有特殊紧急会议安排，服务中心应及时响应配合，做好相关服务工作。

二、接待人员熟悉会务接待礼仪及工作流程，以便做好会议期间的后勤供应和会场辅助工作。

三、按接待要求布置会场，保证会务物资供应及时、充足，并摆放到位，协助会议横幅、欢迎牌制作和特约会务服务，以及宾客的迎送和指引服务等。一般会议提前 10 分钟完成准备工作，大型或重要会议提前 30 分钟完成准备工作。

四、会议结束 30 分钟内完成会场整理和环境清洁，对非一次性使用的会务用品进行清洗、消毒。

五、每日巡查会议室，检查会议室的各项使用设施、设备，会议用品的数量是否齐全，确保扩音、音响、投影、电脑等会议设施运行正常。

文件收发与档案资料管理

一、根据广东省博物馆的实际情况，建立文件收发、档案资料管理等制度。

二、每天两次及时、准确派送报刊、公文、文件至博物馆相关部门，并做好相应签收。同时对需要发出的物件进行收集整理，作好相应记录，然后寄发。如遇紧急的文件需要收发，收发人员应及时进行发送和传达工作，保障收发工作及时、准确，无错发、漏发，无人为丢失。

三、对资料进行分类整理、归档管理，严格执行保密制度，保管好其他与档案资料管理有关的事项资料。对物业相关的工程图纸、档案和竣工验收资料复印件进行规范管理。保证工作记录（交接班、设备巡视与故障维修、保养、图表、函件等）齐全。

重要活动配合服务

一、根据广东省博物馆的实际情况，建立重要活动配合流程。

二、按照重要活动配合通知的要求，以书面形式制作专门的配合工作方案并及时提交给归口部门，明确岗位安排、人员配备、物料准备。

三、对于各类配合事项（包括标识布置、车辆指挥和放行、嘉宾引导、秩序维护、场地保洁、设备运行、场馆内物品搬运等事项）做到层层落实，及时按质按量提供接待物料，如茶叶、饮用水、食品、水果等物品，做好活动期内环境清洁、设备设施正常运行、场内秩序安全无事故。

四、按接待要求及时调整观众客流、合理疏导观众，确保嘉宾及观众参观两不误。

五、重大嘉宾接待时，所有参与配合工作的人员应着装统一，证照齐全，举止文明。贵宾室人员应提前到位，做好接待准备。

六、若服务中心接到物业公司内部的重要接待，需要用到馆方资源，如贵宾室等，须提前报馆方，
　　提交工作方案，经批准后方能进行。如遇特殊情况，可口头向馆方请示，但须在 2 个工作日内
　　补交接待工作方案。

第三节　监督检查

办公室对服务中心在会务接待、文件收发与档案资料管理、重大活动配合进行监督检查，并将监督
检查的情况作为考核的依据，以表格形式进行备案登记，以便对相关服务质量进行监督和改进。办公室
在监督检查中发现会务接待、文件收发与档案资料管理、重大活动配合存在漏洞或者其他问题应当及时
通知服务中心和相关的部门进行解决。具体监督内容如下：

会务接待监督：监督是否有健全的工作制度和工作记录；是否做好会议期间的后勤供应和会场辅助
工作；是否按要求配备人员，完成场地、物资、服务等准备工作；会议结束后是否按要求完成会场整理
和环境清洁用品清洗、消毒工作；是否每日巡查会议室确保会议设施运行正常。

文件收发与档案资料管理监督：监督是否有健全的工作制度和工作记录；收发文件是否及时、准确
无错发、漏发，无人为丢失；是否对资料、工作记录进行分类整理、归档管理，严格执行保密制度，保
证档案资料的完整性和完好性。

重大活动配合监督：监督是否有健全的重要活动配合流程和工作记录；是否按照要求制作专门的配
合工作方案并做到人员到位、层层落实，做好活动期内环境清洁、设备设施正常运行、场内秩序安全无
事故；是否及时调整观众客流、合理疏导观众，确保嘉宾及观众参观两不误。是否有出现公司内部接待，
动用到馆方资源而没有向馆方报备的情况出现。

第四节　考核评价

考核通过定期检查与不定期检查两种方式进行。不定期检查是指在会务接待、文件收发与档案资料
管理、重大活动配合过程中，办公室针对某一特定部分或特定环节根据任务与要求和实施细则进行检查。
定期检查是指每月定期进行一次由物业服务中心配合人陪同下根据会务接待、文件收发与档案资料管理、
重大活动配合的任务与要求和实施细则进行的具有综合性、全面性监督检查。定期检查和不定期检查作
为月考核的依据填写在《物业服务质量评分表》上，综合后得出服务质量分数。转换权重值后得出最终
分数。

会务接待、文件收发与档案资料管理、重大活动配合考核标准根据《广东省物业管理示范大厦标准及评分细则》并结合广东省博物馆的实际情况制定。详见《物业服务质量评分表》。

第五章　教育推广

第一节　任务与要求

教育推广是博物馆与社会沟通、文化传播的主要手段，是博物馆的名片。讲解服务及教育推广活动的质量和水平直接影响着观众的受教育和参观质量，影响着博物馆的形象，甚至影响到一个地区和国家的形象。因此，要求讲解服务和教育推广活动的人员，树立高度责任感和自豪感，以热情、周到、专业的服务塑造良好的对外形象。

第二节　实施细则

讲解服务管理

一、根据广东省博物馆的实际情况，建立《讲解服务质量标准》、《讲解员考核管理制度》，做好相应讲解服务记录。

二、讲解活动必须统一委派。讲解员不得私自承揽或者以其他任何方式直接承揽导游、讲解业务。确因观众临时需要讲解服务的，讲解员应事先告知上级领导并经同意后方可进行洽谈和服务。对于特殊收费项目的讲解，讲解员讲解服务费由教育推广部统一收取，定期结算，讲解服务收费实行定额限价，严禁讲解员擅自违规收费。

三、讲解员应遵守职业道德，着装统一整洁，必须佩戴工作证进行讲解服务。讲解内容及语言应规范准确、健康文明；不得在讲解中掺杂庸俗下流及其他不健康内容。尊重观众的民族尊严、宗教信仰和风俗习惯，用语文明、礼貌待人、热情服务，自觉维护本馆荣誉。

四、开展讲解活动前应向观众讲明广东省博物馆的参观须知。同时在服务全程中，讲解员应始终自觉当好"卫生、文物保护宣传员"，用实际行动影响、带动每一位观众自觉遵守相关行为准则。

五、讲解活动应当严格按照规定的参观线路和内容进行讲解服务，不得擅自减少服务项目或中途终止讲解活动。

六、讲解活动应充分照顾到每位观众，协调好参观速度，保证每位观众都能顺利进行参观，完整听到讲解。若因观众要求延长讲解时间的，讲解员应及时与主管上级取得联系。

七、讲解员应对涉嫌欺诈经营的行为和可能危及观众人身、财物安全的情况，向观众作出真实说明或明确警示。讲解员不得以任何方式向观众兜售物品和索要小费、礼品，不得欺骗、胁迫观众消费。

八、讲解员有权拒绝观众侮辱其人格尊严的要求；违反其职业道德的要求；与我国民族风俗习惯不符的要求；违反国家法律、法规和规章规定的其他要求。

九、讲解员如要带实习讲解员跟团学习时，必须经上级主要领导批准，禁止讲解员在带团过程中将团交给实习讲解员讲解。

十、讲解员应严格服从教育推广部的日常工作安排，遵守教育推广部关于团队运行中的相关注意事项，自觉维护广东省博物馆的声誉和利益，积极以最优质的服务接待各方观众。严禁不服从工作安排，随意挑团、甩客。按时上、下班，不得无故迟到、早退。

十一、通过"笑面墙"载明讲解员姓名、特长，以方便观众选择讲解员并对其服务提出意见。对讲解员定期实施考核，对不合格的人员予以淘汰或安排其他工作。

教育推广活动配合

一、根据广东省博物馆的实际情况，建立教育推广活动配合流程。

二、按照教育推广活动配合通知要求，以书面形式制作专门的配合工作方案并及时提交给归口部门，明确岗位安排、人员配备、物料准备。

三、对于各类配合事项（包括标识布置、秩序维护、场地保洁、设备运行、场馆内物品搬运等事项）做到层层落实，及时按质按量提供相关物品，确保活动期间内环境清洁、设备设施正常运行、场内秩序安全无事故。

四、按活动要求及时调整观众客流、合理疏导观众，做到活动开展及观众参观两不误。

五、在教育推广活动暂停期间或举行具有特殊性的教育推广活动，需要安排专人对活动场地、物料、设备进行看护。

六、使用多功能厅、学术报告厅举行的教育推广活动应参照会务接待标准，结合活动实际进行。

第三节 监督检查

教育推广部负责对讲解服务管理、教育推广活动配合进行监督检查，并将监督检查的情况作为考核的依据，以表格形式进行备案登记，以便对相关服务质量进行监督和改进。教育推广部在监督检查中发现讲解服务管理、教育推广活动配合存在漏洞或者其他问题应当及时通知服务中心和相关的部门进行解决。具体监督内容如下：

讲解服务管理监督：监督讲解员维护博物馆对外服务形象，保证讲解人员着装统一（包括款式、质地、标志）及仪容仪表符合要求。装备配备是否齐全有效并是否保持处于良好的工作状态，监督讲解员对观众服务意识、语言标准、业务素质总体水平。同时协助配合、参与各类活动和展览开幕式的接待工作。对博物馆分配其他的工作是否按时、按质、按量完成。

教育推广活动配合监督：监督是否有健全的教育推广活动配合流程和工作记录；是否按照要求制作专门的配合工作方案并做到人员到位、层层落实，做好活动期内环境清洁、设备设施正常运行、场内秩序安全无事故；是否及时调整观众客流、合理疏导观众，做到活动及观众参观两不误。

第四节 考核评价

考核评价通过定期与不定期检查两种方式进行。不定期检查是指在日常的公众服务过程中，教育推广部针对讲解服务管理、教育推广活动配合某一特定部分或特定环节，根据任务与要求和实施细则进行检查。定期检查是指每月定期进行一次，由物业公司、博物馆相关人员组织的专项检查。定期检查和不定期检查作为月考核的依据填写在《物业服务质量评分表》上，综合后得出教育推广服务质量分数，转换权重值后得出最终分数。

讲解服务管理、教育推广活动配合考核标准根据广东省博物馆的实际情况制定。详见《物业服务质量评分表》。

第六章 物业管理办公室管理工作制度

第一节 任务与要求

为了规范广东省博物馆与物业公司双方工作联系程序，加强最直接的信息沟通，提高工作效率，建立健全的工作制度。根据《广东省博物馆物业服务合同》等相关约定，督促检查物业公司省博服务中心领导班子的完整性、人员的培训、出勤率与流失率、制度落实情况及其他各项服务工作并进行综合考核评价。做好双方工作的对口衔接和协调配合，整体提高物业服务的管理水平。

第二节 实施细则

物业管理工作会议

一、根据《物业管理工作例会制度》定期召开物业管理工作会议，达到及时沟通情况、总结经验、改进工作的目的，确保物业服务管理工作做到规范、有序、高效运行。

二、会议议题由物管办和服务中心会前商定，会务工作由物业公司会务组负责。

三、季度工作会议原则上定于每季度末月第四周星期一召开，如有调整双方于会议 3 天前重新约定。出席人员包括：物管办负责人、广东省博物馆各职能部门负责人和服务中心项目负责人及其所属各职能部门负责人。会议由物馆办负责人主持，服务中心负责人作季度工作报告，然后听取馆方各职能部门负责人对物业公司的工作意见和建议，最后讨论物业管理工作的重大和突出问题，并提出解决问题的办法及改进措施。

四、月度工作会议定于每月 25 日下午召开，如有调整双方于会议 3 天前重新约定。出席人员包括：物管办全体工作人员及物业服务中心各职能部门负责人。会议由物管办负责人主持，物业服务中心负责人作月度工作报告，然后听取意见、布置工作。如当月召开季度工作会议，月度工作会议暂停召开。

五、如遇重大、紧急情况需要举行临时性会议，由物管办、物业公司临时商定。

六、物业公司负责形成会议纪要，经物管办确认后存档、抄送。

考核评价与服务费支付

一、物业服务费的申请和支付按《广东省博物馆物业服务合同》约定执行。

二、每月度（上月 22 日至本月 21 日）为一个核算周期。物业公司、博物馆相关人员组织检查，并检查结果填写到《物业服务质量评分表》。

三、每月 1 日前，物业公司将《服务费支付申请》和博物馆相关归口管理部门的考核结果交物管办。非归口部门可以在当月 20 日前把对物业服务相关意见建议用书面形式提交到物管办，物管办统计汇总后填写《物业服务考核评分汇总表》，并对《服务费支付申请》的具体内容进行初审。并提出支付意见报有关部门和领导审批。

四、物管办将《服务费支付申请》及《物业服务考核评分汇总表》递交广东省博物馆物业管理领导小组，于每月 5 日前（节假日顺延）完成评审，并报馆主管领导审批盖章后交博物馆财务部，由博物馆财务部根据审批结果办理财政集中支付手续。

五、物业公司在博物馆财务部办理财政集中支付手续之前 5 个工作日内，提供等额的正式发票交博物馆财务部。

工作联系、协调

一、服务中心与物管办对日常物业管理服务方面的事务性工作采用《工作联系单》进行沟通协调，保障工作正常、有序地进行。广东省博物馆各职能部门与服务中心联系工作，按照相关规章制度的规定执行，相关规章制度无约定的，填写《工作协调单》，交由物管办协调办理。

二、广东省博物馆和广东省华侨物业发展有限公司的公文往来，双方安排专职人员对接签收办理。

三、物管办将《工作联系单》送交到相关分管领导审批；涉及多个部门的一般性问题，则由对口职能部门流转审核，呈报职能部门的分管领导审批；重要或跨部门的复杂问题，由物管办报物业管理领导小组审批。

第三节 监督检查

物管办负责对物业服务的总体服务质量进行监督检查，并将监督检查的情况作为考核的依据，以表格形式进行备案登记，以便对相关服务质量进行监督和改进。物管办在监督检查中发现物业服务的总体服务质量、物业管理工作会议执行、工作联系与协调及其他事项存在漏洞或者其他问题应当及时通知服务中心和相关的部门进行解决。

考核评价

物管办对华侨物业省博服务中心进行总体考核，分为定量考核与定性考核，定量考核是指根据各归口部门每月填写的《物业服务质量评分表》进行综合汇总得出总得分。定性考核是指根据其他部门、观众意见及全馆服务做出的综合评价。

第七章　服务中心

一、物业公司须根据《广东省博物馆物业服务合同》的要求合理配置人员，保持博物馆物业服务人员的稳定及充足，确保工作人员出勤率、非正常人员流失率符合要求。保证服务人员工资和福利待遇按照《广东省博物馆（新馆）物业管理采购项目（第二次招标）招标文件》执行。对所录用人员要严格政审，保证录用人员持健康证及没有犯罪记录，服务中心主要管理人员、特种作业人员必须持有有效的国家相应执业资格证书，持证上岗。

二、广东省博物馆物业服务中心组织架构上由决策层、执行层和操作层组成，其中决策层由服务中心5名负责人组成。执行层由服务中心各部门主要负责人及分管协助人组成。操作层由除决策层、执行层以外的其他人员组成。区域负责人、专项负责人、重要岗位人员为操作层骨干。广东省博物馆物业管理领导小组及相关业务归口监督管理部门对物业服务中心部分重要岗位的设置、人员录用与管理和部门重要决策有直接参与权与审批权。

三、服务中心组织架构的设置、调整，须报物管办，由物管办上报广东省博物馆物业领导小组审核同意后方可执行。决策层的更换、调整须报物管办，由物管办上报广东省博物馆物业领导小组审批同意后方可执行。执行层的更换、调整须报物管办及归口部门加意见并经分管领导同意后方可执行。操作层骨干的更换、调整须报归口部门同意并报物管办备案方可执行。

四、服务中心决策层、执行层管理人员必须全职为博物馆服务。每月 25 日前将决策层、执行层管理人员下月班表报送物管办。服务中心决策层管理人员每次请假达到 2 天以上的须以书面形式知会物管办。服务中心决策层管理人员每次请假达到 4 天或当月累计请假达到或超过 7 天，须报物管办，由物管办上报分管领导审查批准后方可执行。执行层管理人员、重要岗位操作骨干人员每次请假超过 5 天或当月累计请假达到或超过 10 天的，须报归口部门同意并报物管办备案方可执行。

五、员工按岗位要求统一着装、言行规范，要注意仪容仪表、公众形象。对物业公司不称职、服务质量差，不配合工作人员，馆方有权采取相应的惩罚措施，或责令物业公司另行派遣人员。由归口部门连同物管办出具调整通知，物业公司在收到馆方书面通知后 20 天内予以更换。

六、为保证物业服务质量，物业公司新员工入职必须接受培训并有相应培训记录，归口部门确认后方可上岗，每月至少对工作人员进行一次在职培训，提高管理水平，提升服务质量。

七、对馆方提出建议、问询、质疑、投诉等情况，及时进行处理，做好回访和记录。

八、物业公司在做好工作同时，有责任通过物管办以书面的形式向馆方提供合理化建议，以提高管理效率和管理质量。

四　媒体报道索引

媒体报道索引		
2010 年 1 月 5 日	羊城晚报	广东省博物馆：百年经历数次变身
2010 年 1 月 6 日	中国文物报	广东省博物馆庆祝建馆 50 周年
2010 年 1 月 16 日	大公报	月光宝盒 令人向往
2010 年 2 月 4 日	羊城晚报	广东一大批重点文化工程今年完工——省博物馆今年投入使用
2010 年 2 月 10 日	南方都市报	省博物馆新馆拟 5 月 18 日开馆
2010 年 4 月 27 日	羊城晚报	省博昨日开始"乔迁"
	南方日报	省博新馆还缺一个"镇馆之宝"？
2010 年 4 月 30 日	羊城日报	省博新馆下月 18 号免费迎客
	新快报	省博新馆 5 月 18 日免费迎客
	广州日报	省博新馆"5.18"揭面纱
	南方都市报	省博新馆下月中免费开放
2010 年 5 月 13 日	中国电视报	中国记忆——国际博物馆日电视直播行动
2010 年 5 月 14 日	羊城晚报	旧馆难容兵马俑 新馆可展大恐龙
	南方都市报	省博新馆镇馆之宝 请你投票
	南方日报	请你投票选出"镇馆之宝"
	中国文物报	博物岭南 南粤一馆

媒体报道索引		
2010 年 5 月 17 日	信息晚报	省博新馆"月光宝盒"明日开启
	新快报	省博新馆明起免费接客
	广州日报	省博新馆明日免费开放 镇馆之宝悉数与你见面
	南方都市报	"月光宝盒"提前探秘
	南方都市报	珠水之畔 月光宝盒迷宫暗藏 珠江新城 省博新馆明起揭盅
	深圳特区报	省博新馆明日正式开馆
	南方日报	省博新馆明日开馆
	羊城晚报	省博新馆明日首迎客
	南方都市报	省博新馆明日开馆
	羊城地铁报	省博物馆新馆明天下午 2 点免费开放
2010 年 5 月 18 日	羊城晚报	广东省博物馆新馆开馆
	羊城晚报	广东省博后发优势明显
	南方都市报	去省博新馆 搭地铁最好
	深圳特区报	广东省博物馆新馆开馆
	大公报	月光宝盒展示珍藏
2010 年 5 月 19 日	羊城地铁报	省博物馆新馆开张迎客
	广州日报	广东省博物馆新馆昨起迎客
	南方都市报	"月光宝盒"开馆汪洋现场探宝
	南方都市报	3500 人心急看宝 "月光宝盒"破例收纳
	羊城晚报	省博免费开放半日 3500 人"饮头啖汤"
	信息时报	省博开馆"超支"千人
	南方日报	广东省博物馆新馆开馆迎客
	新快报	省博新馆开馆 五千市民挤爆头
	深圳特区报	广东省博物馆新馆昨日开门迎客

媒体报道索引		
2010 年 5 月 20 日	新快报	省博新馆 将增千件宝物
	信息时报	"月光宝盒"需文明呵护
2010 年 5 月 23 日	羊城晚报	虚拟的现实
	信息时报	逾万人涌入省博新馆 数十儿童参观中走失
	南方都市报	省博迎客上万 超出容量一倍
2010 年 5 月 25 日	信息时报	晒省博靓照 分享参观心得
2010 年 5 月 26 日	广州日报	省博新馆：展品让观众触手可及
2010 年 6 月 1 日	南方都市报	广东省博物馆招募"小小讲解员"
2010 年 6 月 2 日	南方都市报	儿童节省博新馆被孩子挤爆
	羊城晚报	省博一夜爆棚，不知能火多久？
	信息时报	省博新馆过"六一"儿童频走失
	羊城地铁报	省博新馆明日停电闭馆一天
	广州日报	省博客流创纪录
	南方都市报	提醒省博物馆 6 月 3 日闭馆一天
2010 年 6 月 4 日	南方都市报	省博新馆停电一日上千市民"摸门钉"
2010 年 6 月 10 日	现代中小学生报	省博招募"小小讲解员"
2010 年 6 月 11 日	广州青年报	"让博物馆更亲民些"博物岭南 新馆新城市
2010 年 6 月 16 日	南方日报	羞！小孩撒尿展厅里。惊！观众抓伤讲解员
	新快报	到省博排队参观或不再暴晒雨淋
	新快报	一边游玩一边学"本事"——游省博新馆专家教你鉴宝
	羊城晚报	流连省博新馆
2010 年 7 月 2 日	南方都市报	省博新馆缺指引游客多走冤枉路
2010 年 7 月 6 日	南方日报	省博新馆网友投票选出"镇馆之宝" 青铜宝石受宠名画名落孙山
2010 年 7 月 11 日	广州日报	省博物馆古字画古陶瓷冠绝全国

		媒体报道索引
2010 年 7 月 25 日	广州日报	广东文化强省建设知识竞赛举行
2010 年 7 月 28 日	广州日报	省博新馆成 "消暑胜地"
2010 年 8 月 3 日	艺术镜报	"广东历代绘画展览" 广州举行
	南方日报	广东历代绘画展览省博迎客
	广州日报	历代画展开幕
2010 年 8 月 6 日	羊城晚报	"月光宝盒" 频现 "灰镜头"
2010 年 8 月 9 日	南方都市报	让孩子当好讲解员 父母花 10 天帮备课
2010 年 8 月 15 日	羊城晚报	广东历代绘画展
	羊城晚报	陈略中国人物画展
2010 年 8 月 16 日	南方都市报	期待能为舟曲的小朋友讲解省博
	广州日报	省博小讲解员上岗
	新快报	小小讲解员省博 "上岗"
2010 年 8 月 17 日	南方都市报	陈略画展省博新馆展出
	羊城晚报	小小讲解员 省博忙上岗
	南方日报	小学生解说自然和历史
2010 年 8 月 18 日	南方日报	陈略人物画展世俗风情
2010 年 8 月 20 日	中国书画报	广东举办历代绘画展 广东画画重修 "家谱"
2010 年 8 月 21 日	广东文化信息网	陈略中国人物画展
2010 年 8 月 22 日	南方都市报	严重超负荷，不文明每日上演 省博欲推行网上预约控人流
2010 年 8 月 30 日	时代周报	岭南笔墨折射时代文化
2010 年 8 月 31 日	广州日报	粤传世最早墨迹完整亮相
2010 年 9 月 1 日	广州日报	广东省博物馆新馆：月光宝盒吸引观众入内寻宝
2010 年 9 月 9 日	南方都市报	省博物馆开正门 领票节省十分钟
2010 年 9 月 10 日	南方都市报	省博拍卖门票广告冠名权
2010 年 9 月 11 日	新快报	拍卖门票冠名权省博 "创收" 引争议

媒体报道索引		
2010 年 9 月 14 日	政闻	省博吃皇粮搞创收引争议
2010 年 9 月 15 日	羊城晚报	博物馆拍卖门票 冠名权须规范
2010 年 9 月 20 日	广州日报	省博艺博免费赏精品
2010 年 10 月 4 日	广州日报	广州市民排队参观广东省博物馆
2010 年 10 月 9 日	南方日报	省博新馆里 可边享美食边观宝
2010 年 10 月 13 日	广东新闻网	澳大利亚当代原住民艺术展在广州揭幕
2010 年 10 月 14 日	中新网	澳大利亚当代原住民艺术展在广州揭幕
2010 年 10 月 21 日	广东新闻网	《杨应彬诗词》作品展开幕 将在新、马、香港展览
	南方日报	杨应彬诗词书画展昨日开幕
2010 年 10 月 22 日	中国文物报	广东省博物馆新馆参观人数破百万
2010 年 10 月 28 日	广东省文化服务网	广东预备役师画院作品展在广东省博物馆开幕
	信息时报	省博明日闭馆一天
	南方都市报	提醒：本周五广东省博物馆新馆停电闭馆
	广州日报	明日省博闭馆一天
2010 年 10 月 29 日	老人报	"杨应彬诗词书画作品展"在广东博物馆隆重举行
	金羊网	因电力设备特检特测 省博新馆今闭馆
	新快报	省博新馆今闭馆
2010 年 11 月 1 日	广东建设报	"迷彩丹青颂南粤—广东预备役师画院作品展"在广东省博物馆开幕
2010 年 11 月 2 日	广东新闻网	关注生活贴近家乡 摄影师记录广州新气象
	中国新闻网	广东省侨办副主任林琳出席《今日广东》图片展
	中国日报	《今日广东》大型图片展今日开展
	广东新闻网	"广州亚运，看今日广州"图片展在广州举行
2010 年 11 月 3 日	羊城晚报	迎亚运·看广东大型图片展《今日广东》在省博物馆新馆开幕
	中国日报	一日尽赏广州新貌《今日广东》图片展在穗举行
	浙江在线	迷彩丹青颂南粤
2010 年 11 月 11 日	广州日报	迎客好去处

媒体报道索引		
2010 年 11 月 16 日	南方都市报	到月亮宝盒 看考古之 "最"
	信息时报	真的有龙 不是传说
	羊城晚报	罕见 "国宝" 驻足百日任你睇
2010 年 11 月 17 日	深圳特区报	"考古中华展" 开幕
	南方日报	最早龙形象印证 "真龙" 存在?
2010 年 11 月 18 日	羊城晚报	地铁 "考古"
2010 年 11 月 21 日	羊城晚报	考古中华——中国社科院考古研究所 60 年成果展
2010 年 11 月 23 日	南方日报	省博 "对话" 蒙娜丽莎
	羊城地铁报	到省博物馆看梵高 3D《向日葵》 "随风散尽"
	广州日报	请您和蒙娜丽莎对话
2010 年 11 月 24 日	南方都市报	"蒙娜丽莎" 你为什么没有眉毛
	信息时报	能笑还能说 这位蒙娜丽莎不一般
2010 年 11 月 25 日	南方都市报	4000 年前,中国人开始做面条
2010 年 11 月 26 日	中国文物报	广东省博举办社科院考古所六十年成果展
	南方日报	最早龙形象印证 "真龙" 存在?
	羊城晚报	地铁 "考古"
2010 年 11 月 29 日	羊城晚报	考古中华——中国社会科学院考古研究所 60 年成果展
2010 年 11 月 30 日	深圳商报	一碗保存了四千年的面条
	广州日报	看! 能说会动 蒙娜丽莎
2010 年 12 月 3 日	南方都市报	4000 年前,中国人开始做面条
2010 年 12 月 16 日	现代中小学生报	省博 "对话" 蒙娜丽莎
2010 年 12 月 14 日	羊城晚报	在爱的帮扶下展翅追梦
2010 年 12 月 29 日	大公报	考古展勾画文化发展轨迹
2010 年 12 月 30 日	现代中小学生报	中国考古之最

五　文物修复索引

馆内藏品修复清单

序号	修复藏品名称	藏品编号
1	农民协会章程，附政府对于农民运动宣言	近1：0001
2	马克思资本论入门	近1：0001
3	国民革命与工人	近1：0001
4	月刊（第一期）	近1：0001
5	月刊（第一年第二期）	近1：0001
6	月刊（第三期）	近1：0001
7	民族主义（孙文题著）	近1：0001
8	中华海员工业联合总会第拾四期	近1：0001
9	中华海员工业联合总会第四期	近1：0001
10	中华海员工业联合总会第拾玖期	近1：0001
11	孙大总统演讲（军人精神教育）	近1：0001
12	民约论	近1：0001
13	中华五千年全史	近1：0001
14	建国方略	近1：0001
15	地方自治讲义	近1：0001
16	劳动总同盟之研究	近1：0001
17	中国红十字会广州市分会勤捐册	近1：0003
18	中华海员工会筹办银行发展航业	近1：0005
19	蔡敬宽写给苏兆征的信（内容为购买物品明细单）	近1：0006
20	蔡敬宽写给苏兆征的信（信封）	近1：0006
21	苏兆征住宿、膳食结账单	近1：0007
22	1921年苏兆征给厦门金宝和号带交给香港中环恕隆号汇单代收单	近1：0007

序　号	修复藏品名称	藏品编号
23	中华民国十三年贰月十九日，中华海员工业联合总会启	近1：0008
24	（港侨）香山工业联合会简章	近1：0008
25	兹将十二月份进支数列进数列	近1：0008
26	土地革命时期广东农民革命歌谣	近1：0158
27	邓中夏著"香港罢工概况"	近1：0097
28	广东农协会一大决议案及宣言	近1：0111
29	广东珠海纵队《拥政爱民公约》	近1：0167
30	珠江纵队印发"恭贺新喜，并祝抗战胜利传单"	近1：0185
31	郑少康同志给克农同志的信	近1：0189
32	粤赣湘边纵队粤赣报编印粤赣报	近1：0552
33	粤赣湘边人民解放军胸章	近1：0554
34	杨和明墨菊图轴	B7210
35	墨兰图	B7251
36	墨松轴	B7187
37	白描水仙写生	B7248
38	兰石横幅	B7180
39	兰石图轴	B7178
40	兰石图轴	B7188
41	竹林七贤图轴	B7194
42	蕉竹图镜片	B7245
43	沈德潜牡丹诗意轴	B7179
44	兰石图轴	B7217
45	兰竹横幅	7220
46	白描兰花图	B7229

序 号	修复藏品名称	藏品编号
47	荷花图轴	B7185
48	兰竹图	B7236
49	风竹图镜片	B7247
50	翠竹图	B7253
51	墨兰图轴	B7200
52	萝卜南瓜轴	B7181
53	没骨兰石图轴	B7191
54	墨竹图轴	B7196
55	荔枝图扇面	B7241
56	枇杷图扇面	B7242
57	富贵福寿图	B7260
58	兰石图轴	B7172
59	墨兰立轴	B7202
60	老少年立轴	B7205
61	葫芦图轴	B7212
62	墨梅图	B7246
63	露翠竹琅玕轴	B7213
64	兰竹诗画合轴	B7174
65	兰竹双清轴	B7204
66	高山流水有知音立轴	B7176
67	幽谷鸣泉兰花轴	B7182
68	鸡冠花轴	B7186
69	君子之交诗画轴	B7190
70	竹石图轴	B7197
71	水墨山水图轴	B7209

序 号	修复藏品名称	藏品编号
72	高山流水知音轴	B7215
73	牡丹	B7244
74	书画牡丹轴	B7216
75	兰竹牡丹轴	B7173
76	芝兰图	B7261
77	竹石卷	B7177
78	清晖园	B7008
79	吉祥图	B7232
80	富贵平安图轴	B7175
81	牡丹图	B7227
82	牡丹图	B7237
83	菊花竹石图横幅	B7225
84	北菜南蔬图	B7254
85	牡丹图	B7256
86	楷书黄天骥水仙花横幅	B7224
87	东篱秋香图轴	B7211
88	红梅竹石图轴	B7219
89	墨荷图	B7226
90	荷花图	B7233
91	竹石图	B7235
92	雁来阳斗方	B7238
93	丝瓜	B7243
94	兰石图	B7249
95	兰花图	B7250
96	杜鹃图镜片	B7252

序 号	修复藏品名称	藏品编号
97	瓶花图	B7255
98	残荷图	B7257
99	金桂图	B7258
100	牡丹图	B7259
101	杨和明草书轴	B7207
102	行楷书四言联	B7208
103	行书刘逸生书	B1982
104	行书轴	B7218
105	杜甫诗句草书轴	B7198
106	草书自撰联句轴	B7199
107	草书甲子生朝诗草轴	B7192
108	草书题妈屿观海亭并记	B7193
109	生朝诗行草书轴	B7214
110	行草书轴	B7223
111	草书轴	B7201
112	草书横幅（苏东坡诗）	B7184
113	草书自书答客劝诗轴	B7221
114	草书轴	B7183
115	草书联	B7222
116	草书自书诗轴	B7189
117	楷书对联	B7195
118	行书轴	B7206
119	草书题画诗稿手卷	B7230
120	行书自作诗	B7231
121	行书题画诗	B7234

序　号	修复藏品名称	藏品编号
122	拾田螺	[原号] 001
123	炸糖环	002
124	织藤篮	006
125	太阳天	011
126	筛米	015
127	荔枝红了	022
128	瑶寨中秋月夜	024
129	洗衣服	025
130	河神	029
131	牧牛伙伴	030
132	回娘家	033
133	磨谷	034
134	小河湾湾	037
135	母与子	038
136	花村	039
137	莲糖喂鸭	040
138	甜情密语	043
139	卖西瓜	044
140	收菠萝	045
141	晚归	046
142	洗白白	049
143	贺新春	050
144	卖菜	051
145	人约黄昏	052
146	玩在家门前	056

序 号	修复藏品名称	藏品编号
147	山村	057
148	腊鱼干	059
149	采冬菇	062
150	山里人	064
151	摘楷杷	065
152	缝新衣	066
153	比手力	069
154	捡草菇	071
155	农家乐	072
156	小宝洗澡	073
157	温存	075
158	耍武	077
159	结亲家	078
160	训猴	080
161	老石匠	081
162	荔枝树下捉迷藏	082
163	寒夜	083
164	放风筝	084
165	归	085
166	鸡	086
167	酿酒	087
168	贺中秋	088
169	染花布	089
170	对山歌	090
171	牧牛伙伴	092(麻画)

序 号	修复藏品名称	藏品编号
172	拾田螺	094（麻画）
173	吃西瓜	099（麻画）
174	回娘家	100（麻画）
175	舞火狗	44
176	客家围	57
177	六畜兴旺	61
178	聚宝盆	86
179	收芋头	197
180	锣声响	无
181	地派温泉	无
182	会歌归来	
183	捉迷藏	
184	淋菜	
185	车水	
186	新嫁娘	
187	客家圆围屋	
188	金秋季节	
189	喂牛	
190	吃西瓜	
191	晚归	
192	榨油	
193	山里人	
194	卖早粥	
195	喂	
196	仲夏	

序　号	修复藏品名称	藏品编号
197	小河湾湾	
198	龙飞凤舞	
199	山鹿	
200	饭热菜香	
201	日入而息	
202	瑶寨中秋之夜	
203	裹粽	
204	学步行	
205	新粮入仓	
206	夺锦归	
207	小农庄	
208	日出而作	
209	五谷之神	
210	满载而归	
211	对歌	
212	七月七	
213	七月七	
214	新婚夜	
215	打禾	
216	花村	
217	盖新房	
218	捉泥鳅	
219	无名画	
220	无名画	
221	采冬菇	

序 号	修复藏品名称	藏品编号
222	我的太阳	
223	晚归	
224	海滩上的号子	
225	赶渔汛	
226	满月	
227	渔归	
228	渔乡情	
229	春眠不觉晓	
230	南海之滨	
231	晚潮	
232	不夜的港湾	
233	波萝香	
234	渔花担	
235	椰乡记忆	
236	一年之计在于春	
237	锯船板	
238	日升日落	
239	出村女老师	
240	晨航	
241	能源之歌	
242	初春	
243	渔村小姑娘	
244	彩虹	
245	渔港印象	
246	为了忘却的纪念	

序 号	修复藏品名称	藏品编号
247	古镇遗风	
248	赶潮	
249	沸腾的港湾	
250	天道·人道	
251	暗香	
252	海天尽头	
253	集	
254	渔港九月天	
255	新的一天	
256	收获季节	
257	海风	
258	金色的晒场	
259	远去的帆	
260	大海无量	
261	斜阳	
262	真理	
263	冲	
264	雷州遗韵—石狗	
265	海韵	
266	满载而归	
267	现代进行时	
268	民国时期铜熨斗	
269	铁路灯	
270	铁质文物	4-545
271	铁质文物	4-620

序　号	修复藏品名称	藏品编号
272-332	吴六奇出土陶器	
333	东汉带舵陶船	
334	粤海关壹两砝码	
335	锡壶	
336	木雕 1	
337	木雕 2	
338	民国文物药秤	
339-340	巨幅书画	
341-344	南澳 1 号铜器 4 件	
345-351	南澳 1 号铁器及凝结物 7 件	
352	南澳 1 号出水锡壶一件	
353	秤杆一件	
354-355	木板两件	
356-365	酱釉罐 10 个	
366-371	瓷器凝结物 6 件	
372-387	瓷器 16 件	
388-447	苏征兆藏品 60 件	
448-577	陈略书画作品 130 件	

馆外藏品修复清单

序　号	修复藏品名称	藏品原单位
1	日本屏风	瑞士驻华大使馆
2	李国香画兰条幅（4件）	江门市博物馆
3	清尹溪石草书对联（2件）	江门市博物馆
4	漆器描金人物扇	鸦片战争博物馆
5	象牙彩绘人物扇	鸦片战争博物馆
6	南宋耕织图	鸦片战争博物馆
7	嘉庆十年典卖田契	鸦片战争博物馆
8	道光二十四年典卖田契	鸦片战争博物馆
9	持刀将军（1）木版画	佛山市博物馆
10	持刀将军（2）木版画	佛山市博物馆
11	持刀将军（3）木版画	佛山市博物馆
12	持刀将军（4）木版画	佛山市博物馆
13	鲤鱼童子木版画	佛山市博物馆
14	引福归堂木版画	佛山市博物馆
15	加官进爵木版画	佛山市博物馆
16	状元及第木版画	佛山市博物馆
17	天赐黄金木版画	佛山市博物馆
18	北帝群仙木版画	佛山市博物馆
19	锦绣前程木版画	佛山市博物馆
20	勤俭持家木版画	佛山市博物馆
21	丰收木版画	佛山市博物馆
22	大办农业木版画	佛山市博物馆
23	学习木版画	佛山市博物馆
24	嫦娥奔月木版画	佛山市博物馆

序 号	修复藏品名称	藏品原单位
25	娱乐升平木版画	佛山市博物馆
26	收复河山 还我山河木版画	佛山市博物馆
27	张仙木版画	佛山市博物馆
28	北帝坐镇木版画	佛山市博物馆
29	招财进宝木版画	佛山市博物馆
30	福寿康宁木版画	佛山市博物馆
31	洪圣大帝木版画	佛山市博物馆
32	观音坐镇木版画	佛山市博物馆
33	和气生财木版画	佛山市博物馆
34	卦镇四方木版画	佛山市博物馆
35	观音渡引木版画	佛山市博物馆
36	魁星踢斗木版画	佛山市博物馆
37	比武木版画	佛山市博物馆
38	乡村风情（1）木版画	佛山市博物馆
39	乡村风情（2）木版画	佛山市博物馆
40	乡村风情（3）木版画	佛山市博物馆
41	汾阳王府木版画	佛山市博物馆
42	故事人物木版画	佛山市博物馆
43	封神榜故事木版画	佛山市博物馆
44	水浒传故事（1）凤凰牡丹木版画	佛山市博物馆
45	水浒传故事（1）凤凰牡丹木版画	佛山市博物馆
46	放风筝木版画	佛山市博物馆
47	八仙木版画（1）	佛山市博物馆
48	八仙木版画（2）	佛山市博物馆
49	爵鹿封猴木版画	佛山市博物馆